KB050286

# 근대도시 공주의 탄생

**일러두기**

* 본문에 인용된 〈조선왕조실록〉과 〈관보〉를 비롯해 구한말 및 일제강점기 당시의 공식기록이나 기사, 글 등은 연구원에서 독자들이 이해하기 쉽도록 일부 단어와 문장을 현대문으로 수정하였음을 밝힙니다.
* 본문 가운데 '조선'은 왕조국가로서 조선을 지칭할 때, 고유명사로 사용되었을 때, 인용문 가운데 포함되어 있을 때 등에만 사용하고, 일반적으로는 '한국'이라는 말을 사용하였습니다.

대한제국에서 일제강점기까지
우리가 몰랐던 공주 이야기

# 근대도시 공주의 탄생

충청남도역사문화연구원 엮음

메디치

근대의 기억,
공주의 또 다른 얼굴을 만나다

근대는 누구에게나 똑같은 속도로 오지 않았다. 한반도에서
가장 이른 구석기 문화의 발흥지이며, 한성시대를 마감한
백제가 왕도로 삼았던 곳, 고려와 조선에서 왕의 피란지로
안전을 제공했던 장소, 그리고 조선 후기에 충청감영이 설치되어
명실상부 호서의 수부도시 역할을 맡았던 도시. 공주 역사의
속살을 이루고 있는 자랑스러운 세목들이다. 역사의 어느
시기까지 공주는 한강 이남에서 손꼽을 만한, 훈훈한 매력이 있는
도시였다. 그러나 역사의 순풍은 한 방향으로만 불지 않는다.
근대는 공주에 호의적이지 않았다.
   1895년 6월 18일, 조선의 근대적 혁신을 꾀하는
갑오·을미개혁의 일부로서 '23부제 및 지방관제개혁'이 발표,
실시되었다. 그 이전까지 조선의 지방행정체제였던 8도제를
해체하고 전국을 23개의 '부' 행정구역으로 나누는 조치였다.

본래 충청도-호서지역은 공주목, 홍주목, 청주목, 충주목의 4개
큰 도시가 중심이었는데, 그중 청주목은 다른 세 도시에 흡수되고,
공주, 홍주, 충주의 3부가 호서지역을 나누어 맡게 되었다.
23부제는 공주가 맡아온 호서의 수부도시 역할을 약화시키는 첫
번째 조치였다.

　　23부제는 단명했다. 이듬해인 1896년 8도제가 부활하였지만
온전한 부활은 아니었다. 이름하여 13도제. 충청도-호서지역은
충청남도와 충청북도로 분리되었고, 공주는 충청남도의 도청
소재지로 만족해야 했다. 호서지역의 통합성은 사라졌고, 이후
충청남도와 충청북도는 때로는 협력하지만 때로는 경쟁하는
관계가 되었다.


　　근대의 공주는 사연이 많았다. 어느 도시나 제 나름의 사연이

한가득일 테지만, 공주의 그것은 남달랐다. 경부선과 호남선, 이후 한반도 역사의 100년을 규정지을 중요 철도노선이 공주를 지날 수 있었다. 경부선 공주역도, 호남선 공주역도 가능성이 높았지만 결국 간선철도는 공주를 비켜서 만들어졌다. 러일 전쟁과 대륙 침략을 목전에 둔 일본 군부는 단 1미터라도 철도 노선이 짧아지길 요구했다. 이전부터 번성했던 도시들과 곡창지대를 지나는 노선은 고려 사항이 아니었다. 조선-한국의 입장이 아니라 일본의 입장에서 결정된 노선이었다. 경부선이 그렇게 결정되고 나자 호남선도 그런 전철을 밟았다. 대륙과 좀 더 빠르게 연결되기 위해서, 건설 경비를 줄이기 위해서, 이미 있는 시설을 활용하기 위해서….

이후에는 이미 한번 결정된 것들이 다음 결정의 판단기준이 되었다. 철도가 지나가니까 교통이 좋고, 교통이 좋으니까 사람과 물자가 모이고, 그렇게 도시가 성장하고, 그러자 큰 도시에서 행정 편의를 누리고 싶어 했다. 공주는 다른 도시들과 경쟁해야 했는데 그 경쟁이 성공적으로 잘 되지는 않았다. 공주는 그 잘 되지 않음을 받아들여야 했다. 먼저 충남도청이 대전으로 옮겨갔다. 그리고 충남북을 관장하던 지방법원도 대전으로 이전하고 공주에는 공주지청이 남았다. 공주는 막고 싶었지만 막아지지 않았다. 막을 수가 없었다. 그것이 공주의 근대, 그 한쪽 면이었다.

근대도시 공주의 탄생

다른 한쪽 면에서 공주는 품격 있는 문화도시가 되어
갔다. 확장 가능성이 크지 않다는 결함으로 제시되었던 공주의
지리·지형은 인간적인 규모의 도시를 만드는 조건이 되었다.
사통팔달 교통 요지의 핵심이었던 금강은 근대의 어느 순간 도시
발달을 가로막는 장애물 취급을 받았지만 그건 잠시였다. 다리를
놓는 일이 쉬워지면서 강은 더 이상 한계가 아니었다. 공주는 크고
아름다운 강을 낀 매력적인 도시가 되었다. 금강과 어울린 공산성,
금강과 어울린 금강철교는 명물이자 절경이었다. 강에 바짝
붙은 저만큼 멋진 산성이 또 어디에 있나. 여행으로 공주를 찾은
이방인들이 그 아름다움에 빠져들었다. 20세기 초반에 한국을
찾았던 한 독일인 신부는 4개월 동안의 한국 여행에서 공주를
가장 아름다운 도시로 기억했다. 그이의 공주 기행문을 읽으면
지금도 고개가 끄덕여지는 풍경들이 슬그머니 펼쳐진다.

또 공주는 오랫동안 '교육도시'로 명성을 높였다. 여러 이유로
근대교육은 다른 도시보다 빨리 당도했다. 선교사들과 함께
학교가 왔고, 또 도청 소재지인 까닭에 먼저 학교가 생기기도 했다.
도청과 지방법원이 이사를 나가자 학교가 보상으로 주어지기도
했다. 연유가 어찌 되었든 공주는 교육도시가 되었고, 공주의
품에서 성장한 인재들은 한국의 근대화 과정에서 맡은 바 역할을
다했다.

역사를 무를 수는 없다. 공주는 여러 곡절을 거쳤지만
품격 있는 문화도시로 살아남았다. 대도시가 가지는 번잡한
문제들로부터는 조금 떨어져 있을 수 있었다. 일제강점기 때부터
백제 왕릉들이 속속 발굴되고, 마침내 무령왕릉이 발견되면서
공주는 스토리 가득한 역사도시의 면모도 제대로 갖추게 되었다.
일제강점기 동안에도 역사도시의 요청이 있었지만 백제 역사로는
부여와 다투는 처지였고, 직전 왕조인 조선의 역사는 별로
환영받지 못했다. 그래도 교육도시와 역사도시를 합한 문화도시의
열망은 늘 있어 왔다. 다른 지역거점도시들처럼 근대건축이
많이 남아있는 건 아니지만 공주에 남은 근대건축들은 하나하나
사연이 깊고 영성이 깊다. 중동성당과 제일교회는 아름답기로도
으뜸이고, 제일교회가 영명학교로 이어지며 쌓은 민족적 분투의
역사는 또 남달리 기억될 만하다. 천안 소녀 유관순이 공주
영명학교 시절을 거쳐 민족적 자의식을 가진 당당한 여성–
학생독립운동가로 성장한 것 역시 더 기억되어야 할 일이다.
유관순, 또 3.1운동과 이후 항일운동, 사회운동에 나섰던 공주
사람들의 마음은 무형의 문화유산으로 전해져야 할 것이다.

이 책에서는 1895년부터 1945년까지 반세기의 공주
역사를 살펴보았다. 철도가 들어서지 않았고 도청과 지방법원이

옮겨갔고…, 그런 이야기는 이제 떠나보내도 될 만큼 공주에도 흥미진진한 근대의 이야기가 많이 쌓였다. 한국의 근대는 자랑스러운 시간만은 아니다. 공주의 근대도 그러했다. 하지만 그 시간을 지나와서 지금의 한국이 있고 지금의 공주가 있다. 이 사랑스러운 문화도시 공주는 수천 년 역사의 연속선 위에 있지만, 가장 직접적으로는 근대 시간의 위에 서있다. 그 시간의 여러 속내들, 어떤 것들은 속이 상하고 어떤 것들은 아쉽고 어떤 것들은 자랑스러운 그 속내들을 함께 읽어봐 주기를 바란다.

그동안 충청남도역사문화연구원이 해온 여러 작업들을 통해 기초적인 내용을 구축할 수 있었고, 또 몇 선생님들의 오랜 연구 작업에서 직접적으로 가져온 부분들도 많다. 집필 내용을 감수하는 과정에서 고순영(공주대학교 공주학연구원 전문연구원), 윤용혁(공주대학교 명예교수), 정을경(충청남도역사문화연구원 책임연구원), 최병택(공주교육대학교 교수) 등 여러 선생님들의 도움을 받았다. 근대도시 공주의 시간들을 되살려 짚어보는 지면을 빌어, 깊은 감사의 말씀을 전하고 싶다.

2021년 12월
공주시·충청남도역사문화연구원

# 6장 근대의 흔적을 찾아서

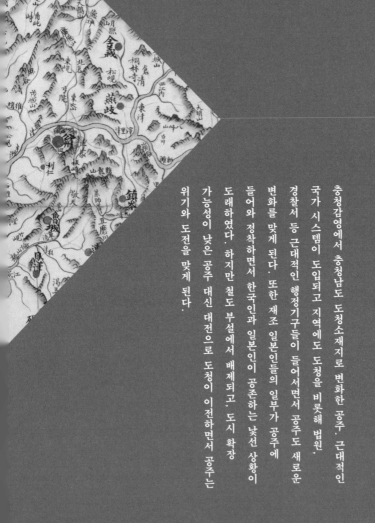

충청감영에서 충청남도 도청소재지로 변화한 공주. 근대적인
국가 시스템이 도입되고 지역에도 도청을 비롯해 법원,
경찰서 등 근대적인 행정기구들이 들어서면서 공주도 새로운
변화를 맞게 된다. 또한 재조 일본인들의 일부가 공주에
들어와 정착하면서 한국인과 일본인이 공존하는 낯선 상황이
도래하였다. 하지만 철도 부설에서 배제되고, 도시 확장
가능성이 낮은 공주 대신 대전으로 도청이 이전하면서 공주는
위기와 도전을 맞게 된다.

1장

감영에서
도청으로

호서의 중심도시에서 충남의 중심도시로

이방인들과 함께 온 근대

시대의 흐름을 이기지 못한 도청 이전

# 호서의 중심도시에서 충남의 중심도시로
## 공주목·공주부·공주군, 지방행정체제의 변화

### 8도제의 해체와 23부제

1603년 공주목에 충청감영이 설치된 이래 약 300년 동안 공주는
지금의 대전·세종·충남·충북에 해당하는 호서지역의 명실상부한
중심도시였다. 조선의 국력이 약화되면서 제국주의 열강의 침략이
노골화되던 19세기 후반부터 20세기 초반까지 공주에도 변화의
바람이 불기 시작했다. 그중 가장 큰 변화는 오래도록 누려왔던
지방행정 중심도시로서의 기능을 잃는 것이었다. 1895년 '23부제'
도입으로 시작된 변화는 1932년 공주에서 대전으로 충청남도
도청이 옮겨가면서 일단락되었다.

1895년 6월 18일 공포된 '23부제 및 지방관제개혁'은 갑오·을미개혁의 일부로서 지방행정의 변화를 꾀하는 조치였다. 대표적인 친일 개화파 인사였던 박영효와 이노우에 카오루 주한일본공사 등에 의해 추진된 지방제도 개혁은 조선 건국 이래 500여 년의 전통으로 이어져온 8도제에서 8도를 분할하여 전국을 23부제의 소지역 행정구역으로 나누는 것이었다.

1895년(고종 32년) 5월 26일자 《고종실록》에는 이와 관련된 내용이 실려 있다.

> 조령을 내리기를, 짐이 우리나라의 유신을 맞아 실제 혜택을 백성들에게 베풀고자 하니 짐의 말을 명심하여 들을 것이다. 백성은 나라의 근본이니, 근본이 든든해야 나라가 편안해지는데 백성을 보존하는 방도는 정사하는 관리들에게 달려 있다.
> 우리 왕조의 지방제도가 완전히 훌륭한 것이 못되다 보니 주州, 현縣이 일정하지 못하고 필요 없는 관리가 많아서 가혹한 세금을 거듭 거두는 폐해가 속출하여 위의 은혜가 백성들에게 미치지 못하고 백성들의 실정이 위에 알려지지 못하고 있다. 아! 거문고와 비파가 조화되지 않으면 다시 뜯어고쳐야 하는 만큼 정사하는 도리는 때에 따라서 알맞게 제정해야 한다. 이제 감사監司, 유수留守 등 낡은 제도를 없애고 부府와 군郡의 새 규정을 정하여 폐단의 근원을 막아버림으로써 만백성과 함께 태평한 복을 함께 누리려고 하니 그대들 모든 관리와 백성은 짐의 뜻을 체득하라, 했다.

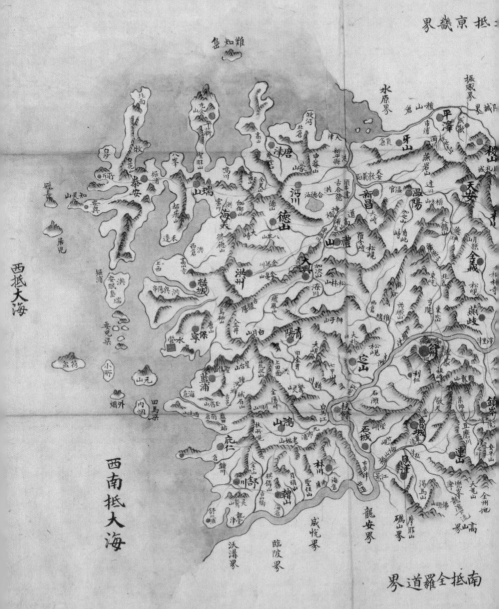

호서지역(충청도)의 영역을 나타내는 옛 지도. 산과 물길 등 자연 지형을 상세히 묘사하고 있는 게 특징이다. ⓒ서울대학교 규장각

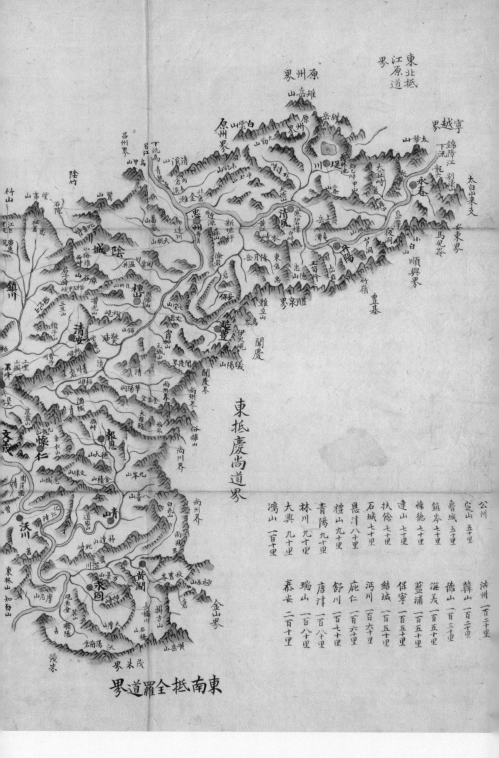

東北抵
江原道
界

東
北
抵
江
原
道
界

原州界

越
寧
界

太白山東支

安東界

馬兒谷

順興界

清風

丹陽

豐基

竹嶺

醴泉

忠州

報恩

延豐

聞慶

閒慶

鎮川

陰城

清安

懷仁

清州

沃川

永同

黃澗

金山界

茂朱界

東林山 如勒山

東抵慶尚道界

東南抵全羅道界

公州 一百二十里
定山 五十里
韓山 一百二十里
魯城 五十里
德山 一百三重
舒川 七十里
海美 一百五十里
鎮本 七十里
藍浦 一百五十里
懷德 七十里
連山 七十里
保寧 一百五十里
扶餘 七十里
結城 一百五十里
石城 七十里
泗川 一百六十里
昆沔 八十里
庇仁 一百六十里
禮山 九十里
舒川 一百七十里
林川 九十里
唐津 一百八十里
大興 九十里
瑞山 一百八十里
鴻山 一百里
恭安 二百十里

──────── 호외로 발행된 1895년 5월 27일자 관보. 고종의 지방관제 개혁 내용을
전하고 있다.

이에 따라 칙령 제97호 〈감영, 안무영과 유수 폐지에 관한 안건〉과
제98호 〈지방 제도의 개정에 관한 안건〉이 고종의 재가를 받고
반포되었다. 조선의 복잡하고 유동적인 지방행정 시스템이 조선을
장악하는 데 있어 방해가 된다고 생각했던 일본은 박영효 등을
통해 조선의 행정구역을 단순화하고자 했다. 칙령의 2조는 그 점을
분명히 한다. "종래의 목, 부, 군, 현의 명칭과 부윤, 목사, 부사,
군수, 서윤, 판관, 현령, 현감의 관명을 다 없애고, 읍의 명칭을
군이라고 하며 읍의 장관의 관명을 군수라고 한다."라고 되어
있다.

이러한 방침은 이미 전년도인 1894년 6월 10일과 11일, 당시 오오토리 케이스케 일본공사가 조선 정부에 제안했던 '내정개혁방안항목' 제1조의 "현재의 부군현의 도읍은 그 수가 너무 과다하며 적정량의 수로 폐합하여 민치에 방해가 되지 않는 정도의 소수로 머물 수 있도록 할 것"이라는 내용에서 예고된 것이었다. 이는 '지방의 권한을 중앙으로 흡수'하는 방향으로 진행되었던 메이지 시기 일본의 지방제도 개혁과 일치하는 방향이었다.

## 호서지역의 3부, 공주·홍주·충주

23부제의 도입으로 지방행정기관은 이제 23개의 부와 그 산하 337개의 군으로 단순해졌다. 칙령 1조는 전국 23부의 현황을 한성부를 앞세우고 뒤따라 남쪽의 부들을, 이어 북쪽의 부들을 소개하고 있다. 한성부, 인천부, 충주부, 홍주부, 공주부, 전주부, 남원부, 나주부, 제주부, 진주부, 동래부, 대구부, 안동부, 강릉부, 춘천부, 개성부, 해주부, 평양부, 의주부, 강계부, 함흥부, 갑산부, 경성부 순이다.

호서지역에는 공주부, 홍주부, 충주부 등 3개의 부가 들어섰다. 호서지역의 4대 도시였던 공주목, 홍주목, 충주목, 청주목 중 청주목은 청주부가 되지 못하고 공주부 관할이

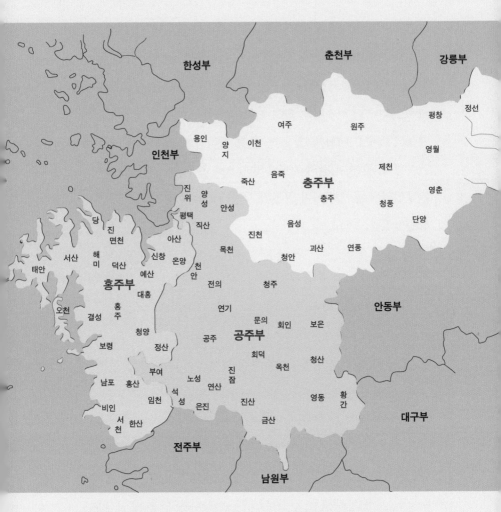

한성부

춘천부

강릉부

인천부

용인
양지
이천
여주
원주
평창
정선

죽산
음죽
충주부
제천
영월

진위
양성
평택
안성
직산
진천
음성
청풍
영춘

당진
면천
아산
신창
온양
목천
괴산
연풍
단양

서산
해미
덕산
예산
천안
청안

태안
오천
결성
홍주부
대흥
전의
청주

보령
청양
정산
연기
공주
문의
회인
보은
안동부

남포
홍산
부여
노성
진잠
회덕
청산

비인
임천
석성
연산
진산
옥천
영동
황간

서천
한산
은진
금산
대구부

전주부

남원부

—————— 23부제 체제에서 호서지역의 공주부, 홍주부, 충주부의 관할 영역.
공주부는 지금 대전과 세종시 그리고 충남의 동쪽 부분과 충북의 남쪽 부분, 경기도와
전북의 일부까지를, 홍주부는 충남의 서쪽 부분을, 충주부는 충북의 북쪽 부분과
경기도, 강원도의 일부를 관할했다.

되었다. 청주목이 관할하던 군현들은 주로 공주부(천안·옥천·문의·직산·평택·전의·연기·목천·회인·청산·황간·영동·보은) 그리고 일부가 홍주부(아산·신창·온양)와 충주부(청안·진천·죽산)로 각각 흡수되었다.

공주부는 공주, 천안, 목천, 직산, 진위, 평택, 안성, 양성, 회덕, 진잠, 연기, 전의, 은진, 연산, 노성, 석성, 부여, 청주, 문의, 보은, 회인, 옥천, 청산, 영동, 황간, 금산, 진산 등 27개의 군을 관할했다. 지금의 대전·세종·충남·충북의 일부만이 아니라 경기와 전북의 일부 지역까지 포괄하는 것이 눈에 뜨인다.

칙령이 발표되던 당시 현직으로 부윤, 목사, 부사, 군수, 서윤, 판관, 현령, 현감 등의 관직에 있는 자는 따로 임명하지 않고 각각 그 군의 군수가 되었다. 그에 비해 23부에는 관찰사를 두었는데 1895년 6월 21일 23명의 관찰사를 일제히 임명했다. 23명 중 2명은 전임 관찰사가 유임된 경우였으며, 4명은 읍의 지방관을 관찰사로 올린 경우, 나머지는 새로 부임한 사람들이었는데, 당시의 관행이나 정치적 환경을 고려할 때 파격적인 조치였다.

공주부 관찰사로는 당시 온양군수로 있던 서만보가 임명되었다. 서만보는 1892년에 이미 온양군수로서 포상받은 적이 있었으며, 1894년 동학농민운동 때는 공주에서 벌어진 전투 상황 등을 상세히 보고한 편지 등이 자료로 남아 있기도 하다.

23부제는 고종의 발언에서 보듯 지방행정제도 개편의 원인으로 '가세중렴' 즉 가혹한 세금을 가장 우선해 지적하고

있으며, 또한 위로 왕으로부터 아래 백성에 이르기까지 소통이
원활하지 않음을 이야기하고 있다. 그러나 23부제가 그 문제를
어떻게 해소할 것인지에 대한 방안은 분명하지 않았다. 무엇보다
23부제 실험이 너무 짧게 끝나면서 실제로 무엇을 바꾸고자
했는지 확인하기 어려운 상황이다. 다만 23부제는 충청감영이
있는 수부 도시로서 충청도 지역의 행정중심이라는 공주의 특성을
약화시킨 첫 번째 조치였다는 점에서 기억해둘 만하다.


## 지방행정체제의 골격, 13도제

23부제는 오래 가지 못했다. 조선 정부는 1896년 8월 4일,
칙령 제36호 〈지방제도와 관제 개정에 관한 안건〉을 재가하여
반포했다.《고종실록》에 그 내용이 실려 있다.

> 전국의 23개 부를 13개 도로 개정했는데 수부首府의 위치는
> 경기도는 수원, 충청북도는 충주, 충청남도는 공주, 전라북도는
> 전주, 전라남도는 광주, 경상북도는 대구, 경상남도는 진주,
> 황해도는 해주, 평안남도는 평양, 평안북도는 정주, 강원도는 춘천,
> 함경남도는 함흥, 함경북도는 경성이다. (…) 13도에서 관할하는
> 339개 군은 다섯 등급으로 나누어 정했는데 군수는 그대로 두었다.

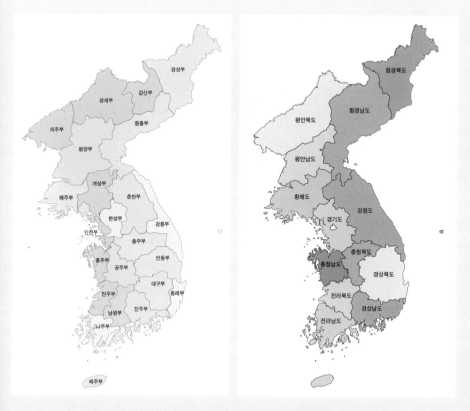

23부제와 13도제에 따른 지방 행정구역의 변경. 13도제는 대한제국과 일제강점기를 거치며 계속 유지되었다(제주도는 1946년 전라남도에서 분리되었으며, 울릉도는 1900년 처음 지방행정체제에 편입될 때 강원도 관할이었다가, 1906년 경상남도에, 1914년 경상북도에 편입되었다).

──────── 충남도청 외삼문 밖에서 도지사의 근무공간인 선화당을 바라본
모습(1920년대). 조선후기 충청감영 시절에 건축한 외삼문과 내삼문, 선화당 등이
그대로 남은 가운데, 선화당 중앙에 '충청남도忠淸南道' 현판이 걸려 있다. 대문 기둥의
낡은 주련 사이에 유등과 출입문, 창문 등이 어우러져 있는 모습이 이색적이다.
ⓒ공주대학교 공주학연구원

13도제는 1896년 8월 4일에 시행된 조선의 지방행정제도로,
직전년도인 1895년 6월 23일부터 시행된 23부제를
폐지하고 종전의 8도 중 경기도, 강원도, 황해도를 제외한
남부(충청·전라·경상)와 북부(평안·함경)의 5개 도를 남·북도로 나눈
것이 특징이다. 23부제를 시행하며 부 아래의 지방행정구역을
군으로 바꾸었던 것은 그대로 유지했다.

13도제는 조선에서 대한제국으로, 또 일제강점기와
대한민국으로 바뀌는 사이에도 큰 변동 없이 유지되면서

근대도시 공주의 탄생

지방행정체계의 기본 골격으로 남았다. 해방 이후 북한은 량강도와 자강도, 그리고 직할시와 특별시 등을 신설하고 황해도를 황해북도와 남도로 나누는 등 변화를 주었지만 기본 13도제의 틀에서 크게 벗어나지는 않았다. 남한도 역시 제주도가 전라남도에서 분리되어 도로 승격, 독립했으며, 서울을 비롯해 부산, 대구, 인천, 광주, 대전, 울산, 세종 등의 광역시, 특별시가 신설되는 등 약간의 변화가 있었지만 큰 틀에서는 13도제의 골격을 유지해왔다.

13도제가 실시되면서 기존의 충청감영 시설(23부제 때의 공주부 시설)은 곧바로 충남지역에 소속된 37개 군을 관할하는 충청남도청 시설로 바뀌었으며, 공주목 시설은 23부제 때 바뀐 그대로 공주군 시설로 계속 운영되었다.

13도제에서 하위 편제인 군 단위에는 1등급부터 5등급까지 차등을 두었다. 이는 23부제 때 이미 도입된 것으로 등급에 따라 각각 군의 전체 예산에 차이를 두고, 또한 군수의 봉급 역시 등급에 따라 차이가 있었다. 충청남도에서는 공주군이 1등급, 홍주군이 2등급, 한산군, 서천군, 면천군, 서산군, 덕산군, 임천군, 홍산군, 은진군이 3등급, 나머지 태안군, 온양군, 대흥군, 평택군, 정산군, 청양군, 회덕군, 진잠군, 연산군, 노성군, 부여군, 석성군, 비인군, 남포군, 결성군, 보령군, 해미군, 당진군, 신창군, 예산군, 전의군, 연기군, 아산군, 직산군, 천안군, 문의군, 목천군이 4등급이었다.

1908년 자료를 기준으로 공주는 충남의 행정중심도시였을 뿐만 아니라 21개 면, 1,043개 동, 27개 리로 구성된 충남 최대의 군이기도 했다. 하지만 1914년에 실시된 '군면 통폐합'으로 행정구역의 축소 조정이 있었다. '군면 통폐합' 당시 ①공주군의 북동쪽(명탄면, 양야리면, 삼지면, 반포면 등지) 방면 79개 동리는 연기군으로, ②남동쪽(현내면, 유등천면) 방면의 86개 동리는 대전군으로, ③남쪽(반탄면) 방면의 2개 동리는 부여군에 편입된 반면, ④공주군과 인접한 연기, 노성, 부여, 정산군으로부터는 9개의 동리를 넘겨받았을 뿐이다.

공주는 23부제 당시 호서지역을 3개로 나눈 공주부 시절보다는 조금 더 관할 지역이 늘어났지만, 13도제가 도입되면서 더 이상 호서지역을 대표하는 도시는 아니게 되었다. 공주는 호서지역의 중심도시에서 충청남도의 중심도시로 바뀌는 것을 수용해야 했다. 이로써 호서지역의 통합성은 사라졌고, 이후 충청남도와 충청북도는 때로는 협력하지만 때로는 경쟁하는 관계가 되었다. 또한 공주는 이후 행정구역 조정을 통해 지속적으로 땅을 내어주는 입장이 되었다. 대전과 조치원, 그리고 최근 세종시에 이르기까지 충청권 신흥도시들의 성장과 확장에는 공주의 희생이 전제되어 있는 것이다.

　　근대도시 공주의 탄생

# 이방인들과 함께 온 근대

## 공주의 일본인과 서양인들

### 일본 속의 공주, 공주회

2008년 8월, 작지만 따뜻한 뉴스 하나가 공주에 전해졌다.
일제강점기 충남 공주에서 태어나 유년 시절을 보낸 일본인이
소장하고 있던 한국 유물 68종 328점을 충청남도에 기증했다는
소식이었다. 기증자 아메미야 히로스케는 공주에서 태어나고
자란 재조 일본인 중 한 명이다. 재조 일본인은 1876년 개항부터
1945년 일제가 패전할 때까지 한반도에 거주한 일본인을 부르는
말로, 일본에서 건너와 정착한 이주자 1세대만이 아니라 한국에서
태어난 2세대, 3세대들도 많았다.

기증자는 상반소학교(현 봉황초등학교)를 졸업했으며,

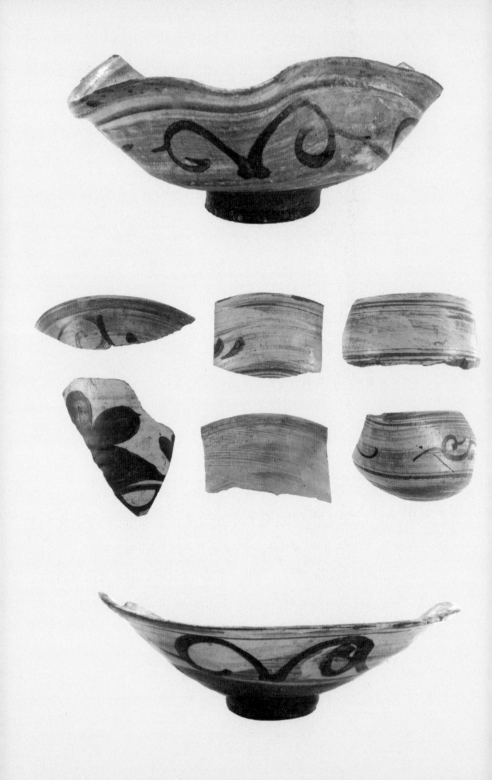

公州錦江橋 (朝鮮古蹟写真)

아메미야 히로스케의 기증 유물들. 일제강점기 당시 그의 아버지가
수집했던 것들이다. 도자기 유물들은 공주 학봉리에서 제작된 것으로 추정되는
분청사기 문발과 접시 그리고 학봉리 가마터에서 수집한 것으로 추정되는 분청사기
조각들이다. 조선시대에 학봉리는 철화문 분청사기의 대표적인 생산지였다.
공주우편국 소인이 찍힌 엽서는 1916년의 것으로 금강에 놓인 나무다리와 공산성
공북루 일대의 모습이 선명하다. 다리를 건너는 5명의 어른과 공북루 오른쪽 성벽에
매달린 흰옷의 아이 모습 등이 눈길을 끈다. ⓒ충청남도역사문화연구원

공주중학교 1학년에 재학 중이던 1945년 아시아·태평양전쟁의 패전으로 일본으로 귀국했다. 이후 그는 공주에서 살았거나 학연이 있는 일본인들의 모임인 공주회에 참가하며 공주와의 인연을 이어나갔다. 공주에 유물을 기증하던 때는 공주회 모임의 회장을 맡고 있기도 했었다.

기증 유물은 마제석검, 청동거울, 분청사기 접시, 백자사발을 비롯해 대한제국 및 일제강점기 때 발행한 우편엽서 등 시기적으로 청동기부터 일제강점기까지 망라돼 있다. 대부분 공주 인근에서 출토되었거나 공주에 관련된 물건들이었다. 기증자는 충청남도의 유물 반환운동 소식을 접한 뒤 유물을 기증하기로 마음을 먹었다고 한다. 그는 유물을 기증하는 자리에서 "이제야 유물들이 제자리를 찾은 것 같아 흐뭇하다. 많은 이들이 유물을 접하고 즐겼으면 한다."고 말했다.

공주회의 회원이 가장 많았을 때는 300명에 가까웠다고 한다. 모임을 대표하는 노래도 있었는데, 제목이 〈공주의 서정〉으로 가사는 다음과 같았다.

> 공산성의 날리는 꽃잎
> 봉황산의 시원한 바람
> 꿩이 소리 높여 우는 무령왕릉
> 역사에 남을 공주의 거리
> 마음속에 생생한 공주의 거리

금강의 파도 잔잔하고
곰나루의 우거진 소나무 풍경
제민천의 시냇물 소리
맑게 흘러가는 공주의 거리
마음속에 생생한 공주의 거리

　　무령왕릉이 등장하는 가사에서 알 수 있듯 공주회 회원들은
꾸준히 공주에 관심을 갖고 정보를 갱신해왔다. 이들이 기억하는
일제강점기 당시의 공주는 아직 '무령왕릉'이 발견되기 전이므로,
1971년 발굴 이후 공주를 대표하는 문화유산이 된 것을 반영한
가사인 셈이다. 공주회는 60여 년 동안 모임을 유지해오다 2016년
회원들의 초고령화 문제로 모임을 해산했다.


## 80만 명의 재조 일본인

공주회 모임이 잘 보여주듯 공주에는 많은 일본인이 살고
있었다. 하지만 공주에 처음 일본인이 찾아와 살기 시작한 것이
언제였는지, 그리고 얼마나 많은 일본인이 공주에 살았는지 등에
관해서는 정확하게 알기 어렵다. 어쨌든 공주의 근대는 조선의
근대와 마찬가지로 일본인들의 도래와 함께 본격적으로 시작했다.
그 도래가 앞에서 본 미담 기사처럼 꼭 좋은 모습으로, 좋은

일제강점기인 1920년대 공주 시내의 모습. 거리에는 초가지붕의 건물과 일본식 지붕을 올린 건물이 나란히 서있다. 사진 가운데 멀리 뒤로 보이는 건물은 충남도청 건물이다. 현 공주 대통교 위에서 촬영한 것이다. ⓒ공주대학교 공주학연구원

결과로만 남았던 것은 아니다. 어떤 일본인들은 이 땅에서 풀뿌리 지배자로 살며 착취와 수탈에만 능하기도 했다.

　　1876년 강화도 조약이 체결된 이후 1945년 일본의 패전 때까지 한반도에는 많은 일본인이 거주했다. 1876년 개항 당시 한국에 있던 일본인은 부산에 있던 54명을 비롯해 극소수였다. 그러다 1879년 원산 개항, 1883년 인천 개항과 일본 조계 설정, 같은 해 한성(서울)의 개방 등으로 차츰 늘어나기 시작했다. 갑신정변이 일어난 1884년에는 4,356명, 청일전쟁이 일어난

1894년에는 9,354명이 되었다. 일본인 인구는 러일전쟁 후 일제가
통감부를 두고 각지에 이사청을 설치한 뒤부터 급격히 증가했다.
1905년 말 42,460명, 1906년 말 83,315명이었고, 강점 직후인
1910년 말에는 171,543명으로 늘어났다. 이후 재조 일본인은
1919년에는 346,619명, 일본이 패전한 1945년에는 약 80만 명에
달했다. 재조 일본인은 일제의 식민지 침략에 앞장섰고, 한국이
식민지가 된 이후에는 정치와 문화, 경제와 사회 모든 방면에서
식민지 지배자로 군림했다.


## 일본인의 공주


1900년 무렵 공주에 상주하던 일본인은 소수였지만 1903년에는
거류민단을 조직해야 할 정도로 그 숫자가 늘어났다. 1908년에
통감부가 행한 각 도 조사에 따르면 당시 충청남도에 거주하던
일본인은 잡업 1,357명(794호), 관리 436명(290호), 농업
188명(92호), 대금업 46명(42호), 목수 45명(37호), 곡물상
26명(24호) 등 모두 2,279명(1,438호)이었는데 이들 가운데
상당수가 공주에 거주했을 것으로 추정된다. 당시 충청남도에
거주했던 중국인이 427명, 미국인이 7명, 프랑스인이 3명이었던
것에 비하면 일본인의 비중이 압도적으로 큰 것을 알 수 있다.
　공주에 일본인 거주자가 급증하기 시작한 것은 1905년

을사늑약 체결 이후부터였다. 그 이전까지 수십 명이 거주 또는
왕래하며 상업에 종사하던 중국인의 뒤를 이어 공주에 일본인의
진출이 본격적으로 시작되었다. 이때부터 일본인 관료와 상인들은
공주 시가지 내부에 독자적인 커뮤니티를 형성할 정도로 그
숫자가 늘어났다. 총독부가 발행한《도세일반道勢一斑》각 연판에
근거해 공주 시가지에 거주하던 일본인의 증가 추세를 살펴
보면, 1915년에는 1,560명(한국인 4,624명), 1923년 1,605명(6,548
명), 1927년 1,921명(8,106명), 1930년 1,994명(10,631명),
1932년 1,341명(9,448명), 1934년 1,416명(10,011명), 1937년
1,412명(10,621명) 등이었다.

　　이상의 수치를 보면 1915년까지는 공주 시가지 인구의
34%(1,560명)가 일본인이었던 데 비해 이후 점차 한국인 인구가
늘어나는 추세임을 알 수 있다. 시가지 발달과 동시에 주변
면 지역에 거주하던 한국인들이 밀려들어와 한국인 인구의
비중이 점차 높아지게 되었을 것으로 추정된다. 일본인 숫자는
1930년까지 완만하게 증가 추세를 보이다가 도청이 이전되는
1932년에 653명이나 급감했다. 이는 공주에 거주하는 일본인
중 일정한 규모 이상의 사람들이 공무원과 그 가족이었음을
말해준다. 1932년 도청이 이전된 이후에는 다시 매년 약간 명씩
일본인들이 늘어났으나 1932년 도청이 옮겨가기 전의 추세에
비하면 미약하다고 할 수 있다.

공주사대부고 근처 봉황산 기슭에 있는 옛 일본인 가옥(공주 주둔
헌병대장의 관사로 사용되었다)의 모습. 1930년대 지어진 건물로 지금은 나태주 시인과
함께 운영하는 공주풀꽃문학관으로 사용되고 있다.

현재 공주풀꽃문학관으로
이용 중인 옛 일본인 가옥의
내부 모습. 다다미방과
길고 좁은 나무 복도 등 일본식
주택의 내부 구조가 잘 남아있다.

# 거리에서 전파된 근대의 개념들

일본인들에 비해 수는 적었지만 서양에서 온 선교사들은
근대교육과 의료, 문화 등 공주의 근대화에 적극적으로
기여하였다.

20세기 초, 공주 시내에서 자주 들을 수 있던 노래 중에
이필균이 지은 창가 〈자주독립가〉가 있다. 1908년에 제1회로
영명학교를 졸업한 황인식은 당시를 회고하며 자주독립가나
크리스트 군병가를 부르면서 읍내를 행군하면 구경꾼들이 이리
저리 몰려들었다고 한다. 1900년대 말기쯤에 이런 가사를 가진
노래가 길거리에 울려 퍼진 고을은 그다지 많지 않았다.

아시아에 대조선이 자주 독립 분명하다

에야에야 애국하세 나라 위해 죽어보세

깊은 잠을 어서 깨어 부국강병 진보하세

남의 천대 받게 되니 후회막급 없이 하세

남녀 없이 입학하야 세계학식 배워보자

교육해야 개화되고 교화해야 사람 되네

공주사람들은 다른 지역 사람들보다 먼저 또 자주 아시아,
자주독립, 애국, 부국강병, 진보, 남녀차별, 세계학식, 교육,
개화라는 말들을 접할 수 있었다. 학교와 교회에서 이런 노래가

불려지고 낯선 말들이 소통되었다. 이는 서양에서 온 선교사들을 통해 전해진 것이다.

조선 말기와 대한제국 시기, 또 일제강점기 초기에 외국인 선교사들이 건립한 교회와 학교는 언덕 위에 위치하는 경우가 많았다. 도시에서 그만큼 넓게 비어 있는 토지를 확보하기가 쉽지 않았기 때문이다. 처음 자리 잡은 까닭은 그러했지만 언덕에 우뚝 선 학교와 교회는 이내 우러러보아야 할 풍경이 되었다. 서양식으로 지어진 학교와 교회 건물 등은 단지 건축물에 그치지 않고 근대 이성과 자본을 대표하는 상징물로 기능했다.

외국인 선교사가 공주 읍내로 진출하여 공공연하게 포교활동을 시작한 것은 1900년대에 들어서였다. 특히 공주는 감리교 선교사들의 진출이 활발했다. 1892년, 이화학당의 설립자 메리 스크랜튼 선교사의 아들 윌리엄 스크랜튼이 지방 선교여행을 위해 처음 공주를 방문한 이래 여러 선교사들이 공주를 찾아 포교 활동에 나섰다.

1903년 7월, 미국 감리회에서 초가 두 채를 구입하교 윌리엄 맥길을 개척 선교사로 파송하였다. 서울 상동병원에서 의료선교를 했던 맥길 선교사는 공주에 내려와 복음전도와 의료선교 사역을 수행하였다. 맥길 선교사 부부가 살던 초가는 교회와 병원, 약국을 겸하면서 지역 선교의 거점이 되었다.

1905년 맥길 선교사가 안식년을 맞아 미국으로 돌아간 뒤 윌버 스웨어러 선교사가 공주에 내려왔다. 스웨어러 선교사는

───────  위 사진은 1910년대 후반경 선교사 가옥과 공주 시가지 모습을 담은
사진그림엽서다. 지금의 중동 부근에 시가지가 정비되고 시장이 들어선 모습이다.
ⓒ공주대학교 공주학연구원

아래 사진은 영명학교 뒤편의 영명동산에 있는 사애리시 선교사 가족과 유관순의
동상이다. 사진의 오른쪽 뒤편으로 보이는 것이 '중학동 구 선교사 가옥'으로 사애리시
선교사의 남편이었던 샤프 선교사가 설계하였였다. 샤프 선교사는 사애리시 선교사가
유관순을 공주로 데리고 오기 전인 1906년 선교 사역 도중 전염병으로 사망하였다.

공주에 온 이후 전도활동과 육영사업에 전력하였다. 그는
1916년까지 근속하다가 건강을 잃어 귀국하였으나 회복하지
못하고 피츠버그에서 세상을 떠났다. 1906년 결혼한 그의 부인
메이도 선교사로 한국에서 활동하였다. 미국에서 신학교 및
사범학교를 졸업한 뒤 교사로 근무하기도 했던 메이 선교사는
1906년 한국 선교사로 파송을 받아 충남 공주지방 선교사로
부임하였다. 그녀는 남편 스웨어러 선교사가 죽은 이후에도
영명여학교 교장으로 1929년까지 근속하면서 육영사업에
전념하였으며 1940년 귀국하였다.

1903년 혹은 1904년 공주에 부임한 로버트 샤프 선교사와
부인 앨리스 샤프(한국명 사애리시) 선교사는 공주와 충남지역의
선교 사업 및 교육 사업에 열심이었다. 이들은 샤프 선교사의
설계로 지금의 중학동 산기슭에 선교사 사택을 지었으며, 충청도
전역을 대상으로 순회선교를 하였다. 또한 남학생을 가르치는
명설학당과 여학생을 가르치는 명선학당을 열었다. 사애리시
선교사는 이후로도 충청지역에 20여 개의 여학교를 개설하는 등
한국 근대여성교육에 크게 공헌하였다.

프랭크 윌리엄스 선교사는 1906년 한국에 들어온
이래 공주를 기반으로 선교 및 교육활동에 전념하였다. 그는
우리암禹利岩이라는 한국 이름을 사용하였으며, 샤프 선교사
부부의 명설학당과 명선학당을 이어받아 1906년 충청도 최초의
근대학교인 영명학교를 세웠다. 우리암은 35년간 영명학교에서

─────── 중학동 선교사 묘역 중 샤프 선교사의 묘소와 부인 사애리시 선교사의
추모비.


교장 등으로 일하다가 1940년 일제에 의하여 추방되었다.

　　이처럼 공주의 근대화-개화는 서양에서 온 이방인들이
세운 학교와 교회에서 시작되었다. 물론 선교사와 학생, 선교사와
교인과의 관계가 활발했던 것만큼 선교사와 일반 공주사람
간의 교류가 활발하지는 않았다. 하지만 개화 물결은 거리에서
행진하며 불렀던 〈자주독립가〉의 경우처럼 학교와 교회 구성원을
통해서 점차 공주사람 모두에게 커다란 영향을 미치기 시작했다.

# 시대의 흐름을 이기지 못한 도청 이전
## 도청 유치운동과 이전 반대운동

## 신경과민으로 보였던 이전 예방운동

1924년 12월 15일, 〈조선일보〉의 가십 기사에 공주의 도청 이전
반대운동이 등장하였다. 경남도청을 진주에서 부산으로 이전하는
것 때문에 진주시민의 반대운동이 치열한 무렵이었는데, 공주에서
미리 겁을 내어 '이전 예방운동'에 착수했다는 것이다. 기사는
"좀 신경과민이 아니오?"라고 핀잔을 주면서도 그 신경과민이
터무니없는 건 아니라고 이야기한다. 당시 총독부의 내무장관은
진주에서 부산으로 도청을 이전하는 것 이후로는 다른 도청의
이전계획이 없다고 발표한 바 있었다. 하지만 이미 경남도청을
이전하는 것에 대해서도 사이토 총독이 경남도청의 이전은 없을

대전 중구 중앙로 101번지, 구 충남도청의 모습. 지금은 대전근현대사전시관으로 사용되고 있다. 주소에서도 대전의 중심이었던 시절을 짐작할 수 있다.

것이라고 이야기 한 적이 있으니, 당국의 발표를 꼭 믿을 수는 없는 일이라는 것이다.

일제는 지방행정체제의 효율성을 높이고 식민통치의 편리성을 높인다는 명목 아래 여러 곳의 도청 소재지를 변경했으며, 공주→대전은 그중 한 사례였다.

일제강점기 초기에 각 도의 도청은 조선시대 감영이 위치했던 곳을 그대로 유지했다. 그러나 경제적 수탈과 군사적 목적의 철도망이 구축되면서 도청 소재지 변경의 필요성이 제기되었다. 이는 식민지 지배 체제의 확립과 원활한 식민 통치를 위한 정책으로 교통 통신망을 구축하는 한편, 통치 구역을 정비하면서 기존의 한국 사회 세력을 약화시키고 새로운 식민지 도시를 건설하려는 시도의 일환이었다.

1910년에는 경기도 도청 소재지를 수원에서 경성부로, 1920년에는 함경남도 도청 소재지를 원산에서 나남(청진)으로, 1923년에는 평안북도 도청 소재지를 의주에서 신의주로, 1925년에는 경상남도 도청 소재지를 진주에서 부산으로 각각 이전했다. 일제강점기 동안 마지막으로 추진된 도청 소재지 변경이 바로 공주에서 대전으로 도청을 옮기는 것이었다. 도청 이전은 기존 소재지와 이전되는 도시의 향후 발전이 걸린 중요한 문제였던 만큼 기존 소재지의 이전 반대운동과 옮겨갈 도시의 유치운동으로 극명하게 대립될 수밖에 없었다.

근대도시 공주의 탄생

## 야망의 크기; 조선총독부 일대 스캔들

충청남도 도청의 이전이 처음 언급된 것은 1910년을 전후하여
호남선 부설 논의가 전개되던 때다. 당시 대전지역 일본인
거류민을 중심으로 도청 유치 여론이 대두했으나, 그때까지만
해도 대전은 인구나 도시기반시설 측면에서 공주보다 좋지 않았기
때문에 별다른 반향 없이 넘어갔었다.

1920년대 들어 인구 구성비에서 공주보다 대전에 일본인이
두 배 정도 많아졌다. 1923년 공주지역 인구는 8,304명(한국인
6,548명, 일본인 1,605명)이고 대전지역 인구는 6,728명(한국인 2,114명,
일본인 4,798명)이었다. 1925년경 경상남도 도청 이전 문제와
더불어 조선총독부 일각에서 충청남북도를 합쳐 조치원에 충청도
도청을 설치해야 한다는 신문 보도가 있었으며, 1929년에는
조선총독부 야마나시 한조 총독의 독직 사건이 여론화되는
과정에서 대전지역 유지들의 충청남도 도청 유치 로비 사건이
폭로되었다. 이에 공주지역 유지들도 여러 형태로 도청 이전
반대운동을 전개했다.

'도청 유치 로비 사건'은 조선총독부와 식민지, 그리고
일본 본토까지 뒤흔든 일대 스캔들이었다. 그만큼 도청 이전을
추진하려는 대전지역 유지들의 욕망이 얼마나 컸는지를 잘 보여준
사건이다. 대전의 자산가이며 토건업자인 스즈키 겐지로는 대전의
일본인 유력자들을 모아 총독부 출입이 잦은 경성부협의회

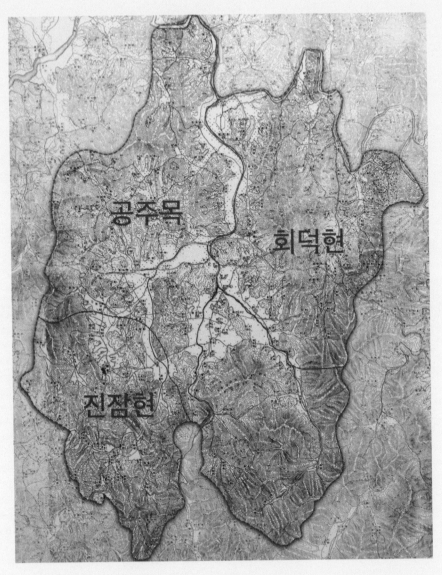

——— 지금의 대전시는 조선시대 공주목, 회덕현, 진잠현 등의 일부를 통합하여
만들어졌다. 대전근현대사전시관의 전시물 중에서.

의원 오무라 하쿠조와 다니노 만조 등에게 도청의 대전 이전을
청탁했다.

　　오무라 등은 1929년 2월, 총독의 비서였던 오마
타치아키라를 스즈키에게 소개했다. 스즈키는 도청을 대전으로
옮겨준다는 조건 하에 도청사 후보지였던 현재 선화동 일부의
땅 1만4천여 평을 제공하기로 약속했다. 총독 비서 오마가 토지
대신 현금을 요구하자 스즈키 등은 여러 차례에 걸쳐 사업진행비
명목으로 현금을 제공하였다. 총독 비서와 오무라 등은 이 돈을
나누어 가졌다.

　　이 일이 밝혀진 뒤 일본 사법부에서는 이 일에 대해
뇌물수수 사건으로 다루지 않고 오마·오무라·다니노가 공모해서
대전의 유력자들로부터 금품을 착복한 사기죄로 처리했다. 대전
유력자들은 이 사건에서 드러났듯이 거액의 로비 자금을 사용할
정도로 충남도청의 대전 이전에 적극적이었다.


## 교통의 변화가 핵심이다

도청 소재지 변경은 단순히 장소가 달라지는 차원의 문제가
아니라 한 지역의 미래가 달린 문제였다. 이 때문에 대전과
공주에서는 쟁탈전과 다름없는 도청 유치운동 및 이전 반대운동을
벌일 수밖에 없었다. 시대의 흐름은 대전 편이었다. 조선총독부

내무국장은 1931년 1월 13일 다음과 같은 내용의 담화를
발표했다.

충남도청 소재지 공주는 고래로 관찰사 소재지로 병합 후에도
이것을 답습하여 도청을 두어 금일에 이르렀다. 옛날의 공주는
경성으로 남조선에 이르는 교통의 요충으로 중요한 지위에
있었으나 경부선 호남선의 개통에 따라 교통 계통이 전연 변경했을
뿐더러 금강의 수운은 해마다 모래가 쌓이는 게 심하여 도저히
수심을 유지할 수 없어 금일에는 겨우 범선의 운항을 볼 수 있는
정도다. 공주를 중심으로 한 각 선로는 한번 큰 비가 오면 교통이
두절되어 공주는 완전히 고립상태에 빠지기를 잘하므로 경제,
교통은 물론 행정상 지장이 적지 않으며 이 개선은 용이한 일이
아니다. 이러한 상태에 있으므로 공주시민의 부단의 노력이 있음에
불구하고 그 발전이 늦는 것은 자연 지형 때문이라 하나, 한 원인은
확실히 교통 계통의 변화에 말미암은 바라 인정된다. (…) 대전은 그
위치가 도의 동남쪽에 편재한 듯하나 경부 호남의 양 간선철도의
분기점으로 이 양 철도와 경남철도를 이용하면 거의 도내를 일순할
수 있으며 물화의 집산, 금융, 경제의 발달 기타로 보아 장래 도내의
경제상 중심지 될 소지가 있다고 할 수 있으므로 행정의 중심을
대전에 옮기어 도민 대다수의 편익을 얻도록 하고자 하는 바다.

1929년 1월 도청 이전 반대를 위하여 소집된 시민대회에서

근대도시 공주의 탄생

──────── 충남도청 포정사의 모습을 담은 사진그림엽서. 1911년 한일합방
1주년을 기념하여 발행된 시정기념 엽서 중 하나로 포정사 문루에 일장기가 내걸렸다.
ⓒ공주대학교 공주학연구원

정식으로 공주시민회가 조직되었다. 공주시민회는 1930년
11월부터 1931년 3월 초순까지 공주지역의 도청 이전 반대운동을
주도했다. 공주시민회는 회장 일본인, 부회장 한국인으로
구성했는데, 도청 이전 반대를 위한 실행위원을 선출할 때에는
한국인과 일본인을 각각 20인씩으로 구성했다. 일본인 유지들은
진정과 로비를 맡고 한국인 유지들은 대중 집회나 시위를 맡는
등 역할 분담을 했다. 도청 이전 반대운동으로 공주의 일본인들과
한국인 지역유지들은 일정한 협력 관계를 유지했다.
　본격적인 도청 이전 반대운동은 1930년 11월 10일

구 충남도청의 외관. 예전 모습이 잘 보존되어 있어
근대건축의 탐방 목적으로도 자주 찾는 곳이다.
국가등록문화재 제18호로 지정되어 있다.

조선총독부가 정식으로 충남도청 이전 신축 예산안을 편성했다는 사실이 알려지면서부터다. 충청남도 지역의 각 군은 도청 이전에 반대하거나 도청을 유치하려고 활발한 활동을 전개했다. 공주지역에서도 지역 유지들은 공주시민회를 개최하고 3,000여 원의 운동자금을 모금하는 등 반대운동을 추진했다. 1931년 1월 3일 도지사 관저에서 김영배·노원하·지헌정·서겸순 등의 주도로 500여 명이 참여하는 시위운동을 전개했으며, 동시에 30여 명의 진정 위원단을 조선총독부에 파견하는 활동을 전개했다.

## 교육도시, 문화도시라는 대안

하지만 아무리 강경하게 투쟁을 앞세워도 이미 정해진 흐름을 바꾸기는 어려웠다. 총독부 내무국장의 담화는 결정타였다. 공주지역 유지들은 1931년 1월 16일 시민대회에서 도청 이전은 총독 정치의 본령에 반하는 것이라는 내용의 결의문을 채택하고, 충청남도 도청 앞 시위 투쟁을 주도했다. 그리고 대규모 상경 투쟁단을 조직하는 한편 일본 도쿄의 제국의회에까지 진정 활동을 전개했다. 공주지역 시장 상인들도 철시로 동참했으며, 충청남도 당국은 공주시민회 대표와 각 구장을 도청으로 불러, 이미 결정된 사안이므로 보상 문제와 같은 사후 대책을 마련하는 것이 좋을 것이라는 회유와 협박을 가하면서, 경찰을 동원하여 시민회

간부를 잡아 가두고 사무실을 수색하는 탄압을 자행했다.

한편, 공주지역 유지들은 도청 이전 반대운동의 논리와 명분을 만들어내려고 공주 지방민 대표 일동 명의로 〈소화 6년 2월 조선총독부에 충청남도청 이전의 이유를 논박함〉이라는 소책자를 발행했다. 대전 지역은 일본인 도시, 공주 지역은 한국인 도시라는 명분만으로는 조선총독부와 제국의회 및 언론이나 여타 지역 군민들을 설득하기 어려웠기 때문이다. 논박의 주요 내용은 내무국장의 담화 내용을 조목조목 비판하는 것이었다. 가령 '철도 교통의 발달로 교통상의 요충지로서 의미가 없어졌다.'라는 주장에 대해서는 '외국의 예를 보아도 앞으로는 철도 교통보다 도로 교통이 더 발달할 것이다.'라고 주장하는 식이었다. 그러나 이미 설득으로 바꿀 수 있는 단계는 아니었다.

1931년 3월 13일 일본 귀족원은 도청 이전에 반대를 표명한 중의원의 결의를 무시하고 조선총독부안을 지지하여 도청 신축 예산안을 결의했다. 공주 시민들은 1931년 3월 11일 밤부터 13일 오전까지 산성에서 횃불시위를 전개하고 시장통에서 투석전을 감행하는 등 격렬한 시위를 전개했다. 일본은 300여 명의 경찰을 동원하여 50명을 잡아 가두는 등 강경 진압을 했다. 이후 1931년 4월에 시행된 읍회 의원선거에 일부 유지들이 불참을 선언하는 등 도청 이전에 항거했으나 이미 끝난 싸움이었다. 이제 공주는 도청 이전으로 무엇을 얻어낼 것인지를 고민해야 했다.

1931년 6월 15일 대전에서 도청사 신축공사의 기공식이

구 충남도청의 내부 모습. 영화〈변호인〉을 비롯해 근대건축물이
등장하는 영화나 드라마의 촬영장소로 이용되기도 했다.

———— 대전으로 이전하기 위해 짓고 있던 충남도청 신축 청사의 상량식 모습.

©충청남도역사문화연구원

있었고, 이듬해인 1932년 9월 10일 준공되었다. 이전은 1932년 9월 24일부터 30일까지 일주일간 진행되었다. 10월 3일부터 신 도청사에서 사무를 보기 시작했고, 14일 오전 이청식을 거행하면서 도청 이전을 둘러싼 유치와 반대의 격렬한 한 시기가 끝이 났다.

도청 이전은 근대도시인 대전이 전통도시인 공주를 압도한 사건이었다. 신흥도시 대전이 감격에 빠진 동안 호서의 중심도시에서 충남의 중심도시로, 그리고 이제 그 중심도시 역할을 내려놓은 공주는 차분히 다음을 모색해야 했지만, '다음'의 여지는 그다지 많지 않았다. 도청 소재지로서 위상을 잃은 대신 1933년에 당시 한강 이남에서 가장 긴 '철교'인 금강교를 가설했고, 공주여자사범학교와 공주농업학교 등을 비롯해 각종 교육기관을 설립하면서 교육도시로서의 면모를 갖춰 나갔다. 도청이 옮겨간 바로 그 이유(교통이 불편하고, 도시의 확장 가능성이 낮다)로 말미암아 이후로도 특별한 산업발전이나 도시발전은 일어나지 않았다. 교육도시, 역사도시, 문화도시. 공주는 그 정체성을 잘 발전시키며 근대도시로서 성장해야 했다.

근대 이전, 물길과 육로로 사통팔달의 교통 중심지를 자처하던 공주는 근대에 들어 경부선과 호남선 철도가 모두 공주를 비켜 가면서 일시적으로 쇠퇴를 맞게 된다. 공주의 양반들이 자신네 땅으로 철도가 지나가는 걸 원치 않았다. 철도가 놓이지 않은 다른 옛 도시들처럼 기원을 알 수 없는 말이 공주에도 생겨났지만, 그것은 사실이 아니다. 공주는 꾸준히 철도를 원했고, 계속 다른 대안을 만들려고 했다.

2장

공주도
철도를
원했다

水原
陽智
利川
陰竹
振威
竹山
忠州
成歡
稷山
天安
鎭川
牙山
禮山
洪州
鳥致院
清州
文義
芙江
燕岐
公州
懷仁
報恩
定山
懷德
大田
論山
魯城
連山
錦山
深川
黃澗
江景
恩津
礪山
珍山
永同
秋風嶺
韓山
群山
裡里
全州
金堤
任實
井邑
忠清南道
忠清北道
全羅北
慶
尚州

사라진 가능성, 경부선 공주역

100년 후에야 실현된 호남선 공주역

공주는 계속 철도를 원했다

# 사라진 가능성, 경부선 공주역
## 국가 간선철도가 공주를 비켜 가다

### 도로, 사람과 물자가 오고 가는 길

어느 시대, 어느 나라에서나 '도로'는 중요하게 여겨졌다.
국립국어원의 표준국어대사전에 따르면 도로는 '사람이나 차
따위가 잘 다닐 수 있도록 만들어 놓은 비교적 넓은 길'을 말한다.
우리가 도로를 떠올릴 때의 이미지나 생각도 이 정의에서 크게
다르지 않을 것이다. 하지만 이 정의에서는 도로가 왜 중요하게
여겨지는지 한눈에 알아차리기가 어렵다. 한국학중앙연구원이
제공하는 한국민족문화대백과에서는 도로의 정의를 다음과
같이 풀고 있다. '사람과 재화의 공간적 이동을 돕는 교통시설물.'
재화가 등장하면서 도로의 중요성이 설득력을 가진다. 국어사전의

정의가 도로의 외형에 더 우선했다면, 백과사전의 정의는 도로의 기능에 더 집중하고 있다.

도로는 사람과 물자가 오고 가는 길이다. 도로가 생기면서 더욱 장거리에 이르기까지 사람과 물자를 육상으로 운송할 수 있게 되었고 의사소통을 할 수 있게 되었다. 도로를 통해 국가는 행정력을 말단의 지방에까지 행사할 수 있었다. 도로를 통해

조선 후기 실학자 신경준의 지리학 서적 중 하나인 《도로고》. 신경준은 국가 경영에서 도로의 관리가 중요하다고 생각했다.

군대가 이동했고, 국방이나 행정에 필요한 메시지들이 빠르게 전달되었다. 또 도로를 통해 무역 물자와 국내 상업 물자가 유통되었다. 종교와 사상, 예술과 학문, 대중오락도 도로를 통해 한 지역에서 다른 지역으로, 중심에서 변경으로까지 차례차례 전파되었다.

조선 후기 실학자인 신경준은 관심사가 다양해서 《훈민정음운해訓民正音韻解》를 지어 한글을 과학적으로 연구하기도 했고, 수레나 배, 수차 등 도구에 관한 책을 저술하기도

했다. 무엇보다 신경준은 '국토와 도로의 개념을 발견한 실학자'로 평가받고 있는데, 《강계고彊界考》, 《산수경山水經》, 《도로고道路考》, 《사연고四沿考》 등 여러 권의 지리학 책을 쓰기도 했다. 그중 1770년에 저술한 《도로고》는 도로에 관한 생각과 함께 당시 조선의 간선도로라 할 여섯 개의 대로에 관해 정리한 책이다. 신경준은 국가를 다스리는 데 있어 치도治道, 즉 도로의 개선과 정비가 중요한 과제라고 생각했다. 사회와 경제가 발전함에 따라 도로의 중요성이 더욱 커지며, 도로가 놓이거나 제대로 관리되지 않으면 지역 간 교류는 불가능하다는 것이다. 《도로고》의 서문에 나오는 아래 문장은 신경준의 생각을 잘 보여준다.

> 집은 개인의 것이나, 길은 함께 하는 것이다. 사람들은 집은 아끼지만, 길에는 소홀하다. 길은 주인이 없기 때문이다. 그러므로 길은 국가가 주관하는 것이다.

## 공주를 지나는 조선의 대로

신경준이 《도로고》에서 정리한 조선 팔도의 6대 도로는 다음과 같다.

제1로: 의주로라 불리며 중국과의 관계를 가장 중요하게

회령
경흥
무산
서수라보
경성

함흥

압록강 의주
안주
덕원
평양

의주로
관북로
개성 김화
강화도
강화로
강릉
한양
관동로
원주
충주
평해

공주
영남대로

호남대로
대구

나주
동래
부산진

관두량

제주

■ 기점·종점
● 경유지
— 대로

신경준은 《도로고》에서 조선 팔도의 가장 중요한 간선도로인 6대로를 정리했다. 이후 6대로를 기준으로 주요 간선도로를 추가, 9대로, 10대로 등 여러 도로 체계가 선보였다.

여겼던 조선에 있어 중국과의 외교 루트이자 교역 루트로서 가장 중요했던 길이다. 한양(홍제원)-파주-개성-서흥-평양-청천강-의주를 연결했다. 경기도의 7개 읍, 황해도의 23개 읍과 평안도의 42개 읍을 통과했다.

제2로: 관북로라 불리며 여진족 등 북방 경비의 필요성으로 발달한 길이다. 한양(수유리)-김화-신안-회양-원산-함흥-북청-명천-경성-회령-경흥-서수라를 연결했다. 경기도의 6개 읍, 강원도 10개 읍과 함경도의 23개 읍을 통과했다.

제3로: 관동로라 불리며 한양(망우리)-평구-원주-진부-강릉-삼척-울진-평해를 연결했다. 경기도의 3개 읍과 강원도의 6개 읍을 연결했다.

제4로: 영남대로라 불리며 일본으로 향하는 통신사들이 사용했던 길이다. 한양-용인-충주-조령-문경-대구-양산-동래-부산을 연결했다. 경기도의 9개 읍, 충청도의 10개 읍과 경상도의 63개 읍을 통과했다. 과거를 보러 한양에 가는 지역 엘리트들이 많이 이용해 '과거길'로 불리기도 했다. 임진왜란 때는 왜군들이 이 길을 이용해 한양까지 진격했다.

제5로: 호남대로라 불리며 중간에 해로를 포함 제주도에까지 이르는 길이었다. 한양(동작나루)-과천-수원-천안-덕평-공주-여산-삼례-태인-정읍-장성-나주-영암-해남까지 육로, 이후 해로로 제주를 연결했다. 국방이나 외교 등의 필요 때문에 발달한 앞의 길들보다는 어느 정도 농산물의 집산 및 수송과 관련된 경제적 필요성에 의해 발전된 노선이다.

제6로: 강화로라 불리며 여섯 개의 대로 중 가장 짧은 길이었다. 한양-김포-강화를 연결했다.

같은 해에 만들어진《동국문헌비고東國文獻備考》의 〈여지고輿地考〉에서는 위 6대 도로에 3대 도로를 더해 9대 도로를 소개하고 있다. 먼저 기존의 영남대로를 영남대로 좌로라 하고, 이와 짝을 이뤄 영남대로 우로라 불리던 길은 한양-문경까지는 동일하고 이후 상주-성주-현풍-함안-고성-통영을 연결했다. 같은 방식으로 기존의 호남대로를 호남대로 우로라 하고, 짝을 이뤄 호남대로 좌로라 불리던 길은 한양-삼례까지는 동일하며 이후 전주-남원-함양-진주-고성-통영을 연결했다. 마지막은 한양-과천까지 호남대로와 동일하다가, 이후 평택-광천-충청 수영을 연결하는 길이었다.

공주는 호남대로 좌로와 우로가 지나고, 금강을 통한 뱃길 수송이 활발한 교통의 요지였다. 조선시대에 공주는 8도에서 가장 물자가 풍부한 전라도와 충청도를 한양과 이어주면서 상업적으로 번성했다. 임진왜란 이후 충청감영이 공주에 세워지고 호서 지역의 중심도시가 되었던 것은 이러한 교통과 경제적 측면의 입지를 고려한 것이었다. 그러나 근대에 들어 교통에 일대 변화가 생기면서 이러한 입지상의 우위가 위협받기 시작했다. 바로 경부선 철도가 공주를 비켜 간 것이다.

## 국가의 경사가 된 경부선 개통

1901년 8월 20일, 서울 영등포에서 경부선 철도 북부 기공식이
열렸다. 다음 날인 8월 21일에는 부산 초량에서 경부선 철도
남부 기공식이 열렸다. 경부선은 1901년 8월에 공사를 시작해
3년 3개월 정도만인 1904년 11월에 완공, 이후 1905년 1월에
상업 개통을 개시했다. 북부 기공식에 참석했던 당시 경부철도
주식회사 이사 타케우치는 이렇게 소감을 밝혔다.

> 철도는 세계 공동의 교통기관으로 여객의 왕래와 화물 운수에
> 이바지하고, 내외국인을 가리지 않고 그 이익을 누려야 합니다.
> 만약 경성-부산 간 철도가 관통한다면 연선의 산업이 발달하고
> 문화 향상에 있어 그 효과가 매우 클 것이라 믿습니다. 아울러
> 장래를 생각해보면 시베리아 철도 및 중국 내에서 계획되고 있는
> 철도가 관통한 후에는, 대한제국의 의주를 거쳐 경성에 이르고
> 경부 철도에 접속해 경성과 부산이 동양 유수의 도시가 되는 것은
> 세계 대세의 흐름인 바입니다. 그 때문에 경부 철도는 유익하고, 그
> 성공으로 대한제국의 융성을 추진할 수 있는 이 철도의 기공은 실로
> 국가의 경사라 할 것입니다.

'내외국인을 가리지 않고 그 이익을 누려야 합니다.'라는
언급에서 이 철도에 대한 일본인들의 관심이 얼마나 대단했는지를

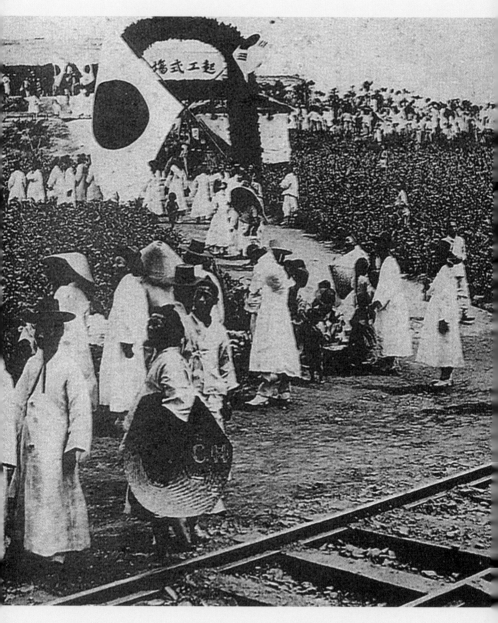

起工式場

1901년 8월 21일 부산 초량에서 열린 경부선 남부 기공식 장면.

짐작할 수 있다. 경부선은 이후 개통한 경의선과 함께
일본과 중국대륙을 연결하는 중요한 역할을 맡았다. 1905년
러일전쟁에서, 그리고 이후 만주와 중국을 차례차례 침략해나가는
과정에서 경부선과 경의선은 일본 군대의 군인과 무기,
군수물자를 운반하는 생명선이었다.

일본은 군사적 측면에서 경부선 건설을 서둘렀고 이후에도
그런 용도의 사용이 중요했지만, 경부선은 한반도의 도시 발전과
경제 발전에서도 중요한 역할을 맡았다. 경부선 노선이 지나는
수원, 천안, 대전, 대구, 부산 등은 지금도 대도시로 남아 발전을
계속하고 있고, 조치원이나 김천 등은 이후에 발전이 정체되긴
했지만 일제 식민지 당시에는 중요한 지역거점도시로 성장했었다.
공주는 바로 이 경부선 부설의 이점을 누리지 못했다.


## 경합하는 경부선 노선들

경부선은 공주와 큰 인연이 없는 것처럼 여겨지지만 그건 지금
노선이 오랫동안 현실로 존재하면서 하나의 이미지로 단단히
자리 잡았기 때문이다. 지금은 상상하기 어렵지만, 어느 시기까지
경부선 공주역은 하나의 유력한 가능성이었다. 대구와 부산에
가기 위해 공주를 거쳐서 가는 것이 하나도 이상하지 않을 수
있었던 것이다.

경부선 철도의 노선을 결정하기 위해 일본은 여러 차례 조사 작업을 벌였다. 다음 페이지의 지도에서 경부선과 호남선 답사 경로와 실제 건설된 노선을 비교해볼 수 있다.

1892년 4월, 부산 주재 일본 총영사는 1년 전 조선을 방문했던 일본군 참모총장 카와카미 소로쿠의 뜻을 받아 외무대신에게 후일 반드시 서울-부산 간 철도 건설이 필요한 시기가 올 것이므로 미리 노선 답사를 해두는 것이 좋다고 건의했다. 이에 일본 외무성은 같은 해 8월 당시 철도국 장관이 추천한 철도 기사를 반장으로 한 수 명의 측량반을 파견하여 두 달 만에 노선 조사 작업을 끝내고 10월에 외무성과 참모본부에 보고서를 제출했다. 이때의 후보 노선은 측량기사의 이름을 따 '고노 안'이라고 불리는데, 조선의 대로 중 영남대로 우로와 비슷한 코스였다. 서울-용인-죽산-진천-청주-보은-상주-대구-밀양-삼랑진-낙동강 좌안-부산진-부산을 연결했다.

1894년에는 나중에 만주 철도의 사장을 맡기도 하는 체신기사 센고쿠를 파견해 다시 한번 경부선 노선을 답사했다. 그는 당시 충청도 서부지역과 호남 지방 일대는 아직 동학농민운동의 평정이 끝나지 않았다는 이유에서 그쪽 지역은 노선 후보로 고려하지 않았다. '센고쿠 안'의 특징은 지금의 대전 동쪽에서 현재 건설된 노선과 유사한 경로를 제안했다는 것으로, 소백산맥의 횡단지점으로 상대적으로 소백산맥의 다른 고갯길보다 낮은 추풍령을 추천했다. 서울에서 청주까지는 고노

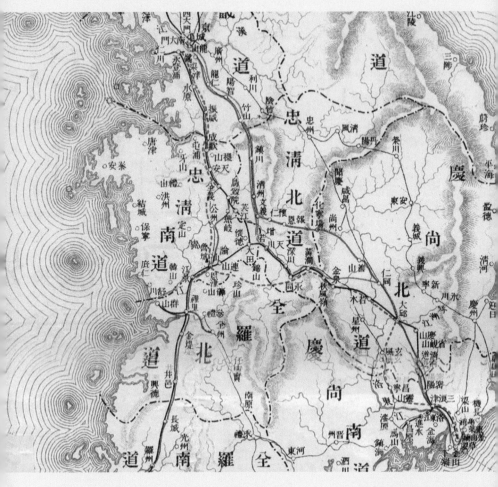

―――――― 일제강점기 초기에 만들어진 철도 노선도.
공사 중인 노선으로 미루어 1914년에서 1916년 7월
사이에 나온 지도로 추정된다. 지도에 표시된 각각의 답사
노선은 다음과 같다.

붉은 실선: 1892년 경부선 1차 답사선
녹색 실선: 1894년 경부선 2차 답사선
붉은 점선: 1899년 경부선 3차 답사선
파란 실선: 1907년 호남선 답사선
검은 실선: 최종 경부선, 호남선 라인

안과 같으며, 이후 옥천-영동-추풍령-김천-대구-밀양-삼랑진-
낙동강 좌안-하단구덕산-부산-용두산 서쪽-일본인 거류지
해안을 연결했다.


## 어쩌면 가능했을, 경부선 공주역

공주가 경부선 노선 후보에 포함되었던 것은 1899년 3차로 진행된
답사 노선에서였다. 앞서 1898년에 경부철도합동조약이 성립되자
일본은 1899년 2월에 철도노선 답사 및 조사단을 파견하여 한국
정부 당국에 경부선 철도의 부설 필요성을 설득하는 노력을
하는 한편 50여 일에 걸쳐 예정 노선 답사와 연선 지역에 대한
조사를 마쳤다. 1900년 2월에는 일본의 재계인사 13명으로
구성된 경부철도주식회사 창립 준비 발기인 총회가 열렸고, 같은
해 9월 일본 정부는 〈외국에서 철도를 부설하는 제국회사에
관한 법률〉을 제정하여 일본의 해외 투자를 뒷받침했다. 이에
힘입은 기업가들은 6월에 경부철도주식회사의 창립총회를 열어
본격적으로 활동을 시작했다.

이런 시대적 상황 속에서 만들어진 것이 3차 답사에 따른
'쿠노 안'이었다. 먼저 노선을 보면 서울-수원-전의-공주-신교-
은진-진산-금산-영동-김천-대구-현풍-창녕-밀양-삼랑진-
구포-부산진-해안 우회-부산을 연결하는 것이었다. 이 노선은

당시 한국 정부가 서울-목포 간 철도를 자력 건설하겠다는 것을 견제하는 방편으로서 기획되었다. 앞서 1차, 2차 답사 노선안이 충청도 동부에 치우쳤던 것을 서쪽으로 조정하고, 호남대로를 따라 충청남도를 관통함으로써 서울-목포 간 및 서울-부산 간 양 대로의 주요 지점을 망라하겠다는 것이었다. 이 경우 한국을 포함한 다른 나라가 서울에서 호남 남해안에 이르는 종관선을 건설하고자 할 때 경부선 노선에서 분기할 수밖에 없게 함으로써 경쟁선 부설의 길을 미리 봉쇄할 수 있었다.

경부선 3차 답사 노선안은 기존에 있던 한국의 큰 도시들을 연결한다는 점에서, 또한 이후 건설될 호남선과의 연결이 용이하다는 점에서 실제로 건설될 가능성이 높았던 안이라고 할 수 있다. 하지만 이 노선안은 결국 실현되지 못하였다. 금강을 건너는 교량 건설이 쉽지 않다는 등의 이유를 들어 반대하는 사람들이 있었지만, 경부선 공주역의 가능성이 사라진 진짜 이유는 당시의 긴박한 정세 때문이었다. 20세기에 들어서며 일본과 러시아는 계속 충돌 가능성을 높이고 있었고, 군부는 일본과 대륙을 철도로 연결하면서 단 1미터라도 단축되어야 한다는 강경한 주장을 펼쳤다. 지금의 경부선 노선은 그 일본 군부의 입장이 반영된, 결국 전쟁의 산물이라고 할 수 있다. 공주역의 첫 번째 가능성은 그렇게 허망하게 사라지고 말았다.

# 100년 후에야 실현된 호남선 공주역
## 호남선도 공주를 비켜 가다

### 경영자와 군부, 서로 다른 목소리

공주가 경부선에서 배제되는 과정은 충분히 복기해볼 만한 가치가
있다. 당시 한국의 중요한 경제 및 행정 중심지 중 하나가 새로운
근대문명의 도입에서 탈락한 일대 사건이기 때문이다. 어떤
논리가 경부선 건설에 그리고 이후 호남선을 비롯해 다른 철도
노선의 건설에 영향을 주었는지 확인해야 하는 것이다.

1899년 경부선에 공주역 등을 포함하는 새로운 후보
노선안(74페이지 지도 참조)이 나올 수 있던 것은 최대한 많은
상업지를 통과하도록 해야 한다는 경부철도주식회사 경영진의
제안에 따른 것이었다. 이제까지는 철도 부설과 노선 조사

등에서 일본 군부의 목소리가 높았지만, 1898년 9월에 경부철도합동조약으로 정식 계약이 체결된 이후 실제 경부선 건설 공사와 운영을 담당할 경부철도주식회사가 노선 답사에 참여하면서 직접 목소리를 내기 시작했다.

공주 경유를 후보에 넣은 경부선 3차 답사 이후 경부철도창립위원의 이름으로 제출된 〈경부철도의견서〉에는 "이익을 중시하는 경영자와 전략상의 편의만 생각하는 군인과의 사이에 의견의 차가 있음"이라는 문장이 담겨 있다. 경영자와 군부 사이에 의견대립이 있음을 노골적으로 밝힌 것이다.

〈경부철도의견서〉에서 가장 흥미로운 것은 공주는 큰 시장이 있는 중요한 상업지이므로 반드시 경부선 역을 설치해 통과시켜야 한다는 내용이다. 의견서는 세 개의 노선을 제안하고 있는데, 세 노선 모두 서울-해남 간을 연결하는 호남대로를 따라 공주를 통과하는 것을 기본으로 하여, 공주와 전주 사이의 어느 곳에서 동쪽으로 방향을 돌리는가에 대한 분석으로 이루어져 있다. 의견서는 그중 은진에서 동쪽으로 꺾는 노선(3차 답사노선)이 가장 적합하다고 결론지었다.

또한 〈경부철도의견서〉는 새로운 경부선 노선 선정에 있어 중시해야 할 사항으로 다음의 세 가지를 밝혔다. 우선 당시 조선의 조정에서 논의가 진행되고 있어 곧 건설이 시작될 것으로 예상되는 경목선(서울-목포를 연결하는, 지금의 호남선)을 견제해 경부선의 지선으로 삼는 것을 고려했다. 이를 위해 서울에서

일제강점기 공주 금강 모습을 담은 엽서(1920년대). 현재의 공산성에서 바라본 금강과 배다리의 모습이다. 공주는 호남선 철도 노선을 검토하는 과정에서 금강에 새로운 다리를 놓아야 한다는 점 등을 이유로 후보지에서 제외되었다.

ⓒ공주대학교 공주학연구원

출발해 공주 및 은진 부근까지 남진하고 그곳에서 동쪽으로
방향을 틀어야 한다고 주장했다. 두 번째로 자신들이 제안하고
있는 노선은 상업지를 중시하고 있기 때문에 길어질 수밖에 없어
서울-부산 간의 최단노선을 건설하고자 하는 또 다른 움직임이
대두될 염려가 있으므로, 그것을 방지하기 위해 밀양 부근에서
부산까지는 기존의 주장대로 최단 거리를 따라 건설해야 한다는
것이었다. 마지막으로 향후 은진과 대구를 연결함으로써 한반도를
동서로 횡단하는 철도를 선취할 수 있다는 주장이었다.


## 대륙행 간선철도

〈경부철도의견서〉가 '공주' 경유를 주장한 것은 건설 거리가
늘어나는 것은 약 30km 정도에 불과하며 거기에 들어가는
비용보다 철도 부설에 따른 경제적 파급 효과가 더 클 것으로
생각했기 때문이다. 기존 경제 중심지들과 대규모 평야 지역을
관통함으로써 앞의 계획안들보다 더 크고 많은 상권에 영향을 줄
수 있으리라 판단한 것이다.

　　경부선 노선은 1900년 3월에 일본 정부와 육군의 지원으로
경부철도주식회사와 육군이 공동으로 시행한 마지막 조사에
의해 다시 변경되었다. 지금까지의 조사 중에서도 가장 정밀한
것이었다. 이 조사에서 제안된 노선에서는 공주 및 은진지역이

제외되는 등 전체적으로 노선 거리가 단축되었다. 조사에
참여하였던 경부철도 기사장 카사이는 조사 과정에 대해 다음과
같이 설명했다.

> 경부철도는 장래 유럽과 함께 중국대륙으로 통하는 아시아의
> 간선으로 하고자 했다. 기술자로서 장래에는 이런 식으로 나아가지
> 않으면 안 되며, 단순한 식민철도만으로는 곤란하다는 생각을 갖고
> 있었다. 그러므로 처음부터 노선은 최단 거리를 선택하는 것이
> 우리로서는 최대의 방침이었다.

이를 통해 경부선은 중국대륙을 거쳐 유럽에 이르는
대륙철도의 간선으로서 그 중요성이 강조되었다. 한반도를 넘어
중국대륙, 그리고 유럽까지 연결하는 간선철도이므로 될 수
있으면 최단 거리로 건설한다는 것이 기본 방침이 되었다. '최단
거리'라는 방침은 러시아와의 관계가 급속히 악화되면서 상업적
측면보다 군사적 측면이 더 우선되는 시대 상황에도 유효했다.
한반도에서 중요한 의미를 갖게 될 간선철도로서 경부선을
고민하면서 정작 한국 내의 교통이나 경제 상황, 또 한국인들의
편의성은 고려 요소가 되지 못했다. 일본을 대륙과 연결해야
한다는 일본의 관점에서 철도를 생각하지 않고 한국의 관점에서
생각해본다면 어떻게 될까. 기존의 경제 중심지들과 곡창
지대 등을 충실히 연결하는 노선으로 경부선이 만들어졌을 때

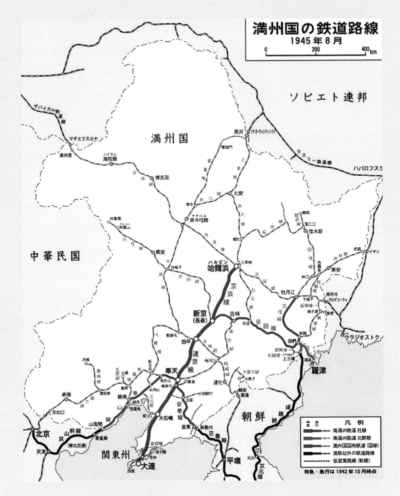

──────── 1945년 8월 아시아·태평양전쟁의 종전 직전에 간행된 만주국 철도
노선도. 경의선과 함경선 등 한국의 주요 간선철도는 각각 만주국 철도와 연결된 뒤
하얼빈을 거쳐 만저우리에서 시베리아 횡단철도와 접속되었다.

민족경제의 발전에 더 도움이 될 수도 있지 않았을까 가정해볼 수 있다.


## 호남선 철도는 한국인의 힘으로

조선총독부 철도국이 간행한《조선철도사》제1권(1929. 10)의 연표에는 1904년 6월 8일에 일어난 일이 기록되어 있다.

> 한국 정부, 직산에서 강경·군산에 이르는 구간 및 공주–목포 간 철도부설권을 서오순 등에게 특허함.


이는 한국 철도를 장악함으로써 한반도에 대한 통제권을 얻고자 했던 일본에는 달갑지 않은 소식이었다.

일본이 추진하던 한국 철도는 차례차례 순번을 기다리고 있었다. 일본은 이미 경인선을 개통했고, 경부선 건설은 이제 마무리 공사를 하고 있었고, 경의선 건설을 막 시작한 무렵이었다. 경부선과 경의선으로 부산과 서울, 평양을 거쳐 중국대륙에 닿는, 그리고 시베리아를 지나 유럽에까지 이어지는 것이 곧 실현될 것이었다. 한반도의 철도를 장악하는 것은 섬나라 일본이 대륙과 이어지는 절호의 기회였다. 그런 만큼 다음 철도 부설의 기대도 높아졌다. 목포와 원산으로 향하는 다음 노선이 실현되면

한반도를 X자형으로 종관하는
기본 철도망이 만들어질
것이었다.

그런데 '경목선'이라
불리던 호남선은 처음에는
한국인들에 의해 추진되었다. 첫
시작부터가 그러했다. 1898년
6월, 대한제국은 호남선을
관 주도로 부설하는 방침을
각국에 통보한 후 7월 6일
철도사 설치칙령 제1조(국내
철도를 행장부설行將敷設하겠기에
철도사를 설치하고…)에서 앞으로
국내 철도의 부설을 철도사가
관장한다고 규정했다.

──────── 1929년 10월, 조선총독부
철도국이 간행한 《조선철도사》의 1권.
도판 100여 페이지, 본문 766페이지, 부록
연표 16페이지에 달하는 방대한 분량의
책이다.

1895년 법무주사 판임관, 1899년 서북철도회사원 경력을
거친 서오순은 1900년 경인철도운수회사를 설립하고 철도를
이용한 화물운송 사업을 하다가 11월에 대한운수회사를 설립했다.
1904년 5월에는 궁내부 고문 이윤용을 사장으로 추대하여
호남철도주식회사를 설립했다. 서오순은 철도 화물운수 경험을
내세워 경부철도 지선으로 천안 북쪽의 직산부터 강경과 군산에
이르는 노선, 또 공주에서 목포까지 철도를 부설하면 편리하고

좋은 효과를 가져올 수 있다며 자본을 모아서 철도를 부설코자
한다는 청원을 하여 6월 8일 승인을 받았다.

이에 하야시 주한 일본공사는 7월 23일 대한제국 외부 대신
이하영에게 경부선 지선(=호남선)의 부설 인준을 취소하라는
요구를 했고, 이하영은 경부지선 인준이 타당하다는 회신문서를
보냈다. 한국인의 손으로 호남선을 건설하는 것에 대해 거국적인
후원 운동이 일어나 주식모금운동으로 이어졌으며, 이러한 분위기
속에서 호남철도주식회사는 즉시 철도 노선답사에 들어가 1906년
10월 조치원-강경 간 측량을 마치고 노선 공사를 착수했다.
이러한 움직임에 대해 목포, 군산 등에 거주하던 일본 거류민들은
'기성동맹회' 또는 '목포번영회'라는 이름으로 '호남철도기성회'를
조직하고 서울, 인천 등 다른 지역 거류민단과 합세하여 (한국인에
의한) 호남철도 반대운동을 전개했다.


## 너무 늦은 도착

1907년 2월 말, 서오순은 주주 모집이 미흡하자 손가락을 깨물어
"호남선 부설이 대한독립의 시작이 된다."는 혈서를 써 주위를
감동시켰지만, 내부 대신 송병준이 각 도 관찰사에게 주주 모집을
막으라는 비밀지령을 내리는 등 안팎의 반대와 방해에 직면했다.
한국인에 의한 호남선 건설에 반대하는 일본의 압력은 점차

노골적으로 되었다. 통감부는 '군사상, 국방상 중대한 관계가
있는 철도 노선의 특권을 개인에 허가함은 부당하니 인가를
취소하라.'고 압박했고, 결국 한국 정부는 호남철도 부설권 인가를
취소했다. 1909년 5월, 최종적으로 보상비 129,435원99전을
지급함으로써 호남선 자영의 꿈이 사라지고 말았다.

아직 호남선 건설이 한국인들의 힘으로 추진되고 있던
1907년, 당시 일본의 식민통치 준비 기관이었던 통감부는 호남선
노선에 대한 답사를 진행하였다. 호남선 답사를 다녀온 측량기사
시라이시는 경부선 조치원역에서 분기해 연기와 공주를 거쳐
논산에서부터 현재의 호남선 노선과 겹치는 안(논산-강경-이리-
김제-정읍-장성-광주-나주-함평-목포)을 제안했다. 호남선이 공주를
지나는 안이었다.

하지만 1910년 호남선 공사가 시작될 때는 분기점이
조치원에서 대전으로 변경되었다. 러일전쟁 동안 막대한 전쟁
비용을 지출했던 일본이 재정 운용에 압박을 받았기 때문이다.
공주를 통과할 경우 금강을 건너는 교량을 건설해야 했는데, 교량
건설에 따른 추가 비용은 물론 공사 기간이 늘어나는 것을 피할
수 없었다. 또한 이미 대전에 설치되어 있던 기관차 차고지를
조치원으로 옮겨야 하는 문제도 있었다. 반면 대전에서 호남선을
분기시킬 경우 따로 금강에 다리를 세울 필요도, 기관차 차고지를
옮길 필요도 없었다. 비용과 공사 기간을 줄일 수 있는 방법이었던
것이다.

———— 1905년 경부선 개통과 함께 건립된 대전역의 최초 모습.
대전시립박물관이 일본 리츠메이칸대학교에서 찾은 뒤 공개한 사진이다. ⓒ대전시

호남철도주식회사의 노선에서도, 또 통감부가 답사를 진행한
후보 노선에서도 공주는 호남선의 정차역이었다. 예로부터 공주는
호남지역으로 내려가는 관문도시가 아니었던가. 그러니 공주
사람들이라면 적어도 호남선은 공주를 통과할 것이다, 그렇게
안심하고 믿었을지도 모를 일이다. 하지만 경부선이 그러했던
것처럼 호남선도 공주를 비켜 갔다.

지도에서는 짧은 선 하나가 새로 그어지는 것일 뿐이지만
그로 인해 도시의 역사가 영영 바뀌고 말았다. 호남선이 공주를
통과했다면 공주는 호남과 호서를 연결하고 서울에까지 이어지는
연결망의 중추도시로서 계속 남을 수 있었을 것이다.

경부선 개통 기준으로는 110여 년, 호남선 개통 기준으로는 100여 년 만에 공주에 들어선 공주역. ⓒ공주시

경부선과 호남선이 모두 비켜 간 공주는 한동안 쇠락을 거듭했다. 반대로 대전은 탄탄대로, 계속 성장을 거듭해 광역시로까지 발전했다. 호남선 개통 직후인 1914년 무렵, 공주 시내와 대전 시내 인구는 약 6,000명으로 엇비슷했다. 하지만 이후 대전에 정착하는 한국인과 일본인들이 급증하면서 1937년에는 대전시 인구가 4만여 명으로 공주의 1만 2,000여 명을 몇 배나 앞서고 말았다.

경부선과 호남선이 비켜 갔던 공주에 마침내 철도역이 생긴 것은 2015년의 일이다. 호남선이 전선 개통한 1914년 이후 100년이 지나서였다. 공주시 이인면 신영리, 공주시에서는 우금티 고개를 넘어서 한참을 가야 하는 외곽 경계 지역에 호남고속선의 KTX 정차역이 들어섰지만, 너무 늦은 도착이었다.

# 공주는 계속 철도를 원했다
이루어지지 않은 공주의 철도 부설 운동

## 근대의 상징, 철도

경부선의 상업 운행은 1905년 1월 1일부터 시작했지만, 개통식은
몇 달이 지나 5월 25일에 당시 서울의 기점이던 남대문역에서
열렸다. 개통 무렵의 시각표에 의하면 오전 9시에 남대문역을
출발한 기차는 오후 8시 15분 부산 초량역에 도착했다. 서울과
부산 간이 총 11시간 15분, 즉 한나절 만에 도달 가능한 거리로
좁혀졌다. 철도는 말 그대로 국토를 압축하는 경험을 선사했다.
이후 시간이 점차 단축돼 나중에는 '새벽'이라는 뜻을 가진
특급열차 '아카츠키'가 서울과 부산 간을 6시간 40분에 주파했다.
이전에는 평균 열흘 이상이 걸리던 거리였다.

서울 주재 미국 공사관의 호레이스 앨런(사진 오른쪽). 앨런은 선교사 겸 의사로 처음 한국에 왔으며, 나중에 공사로서 외교관의 임무도 수행했다. 앨런은 당시 시어도어 루스벨트 대통령에게 일본 대신 한국 편을 들 것을 촉구했으며, 이러한 친한국적 입장 때문에 1905년에 미국으로 소환되었다. ⓒ미국 의회 도서관

하지만 철도는 단순히 두 개의 점을 빠르게 이어주는 교통수단으로서만 의미를 갖는 것이 아니었다. 철도는 '근대'라는 시간, '근대'라는 문명의 상징이기도 했다. 개통식에 참여한 주한 미국 공사 호레이스 앨런은 축사에서 그 점에 주목해 다음과 같이 말했다.

경부철도가 이제 개통되었습니다. 나는 일전에 이 철도로 부산에 갔었으므로 새삼스레 이 성대한 개통식에 참석하지 않아도 개통의 사실은 잘 알고 있습니다. 이제는 왕복에 단 이틀밖에 걸리지 않습니다만 그전에는 가는 데만 13일이나 걸린 일을 생각하면 심한 변화에 놀라지 않을 수 없습니다.

(…)

한국에는 여러 계급과 당파가 있습니다만 철도는 평등한 물건이므로 상민도 양반도 귀함도 천함도 모두 하나같이 철도의 시간을 지키고, 기관차가 통과할 때는 이것을 피하지 않으면 안 됩니다. 또 철도는 정해진 시간에 따라 운행하는 것이므로 스스로 민중에게 시간을 엄수할 것을 가르치는 까닭에 이점이 있어 철도는 한국 사람에 대한 문명적 지도자라 하지 않을 수 없을 것입니다. 당초 이 나라에 철도 부설의 말이 있었을 때 일부 사람들의 예상을 뒤엎고 한국 사람들은 철도가 개통되자 곧 고객이 되어 예상보다 훨씬 많은 사람이 철도를 이용하고 있습니다. 한국 사람들이 철도 이용의 이점을 알고 있다는 사실은 서울-인천 간의 옛길에 대하여 알아보면 잘 알 수 있습니다. 철도 부설 전에는 걸어가든지 달구지 혹은 말을 타고 3일이 걸렸습니다. 그 3일이란 즉 2일은 왕복에, 하루는 인천에서 볼일 보는 데 소비하지 않으면 안 되었습니다. 그런데 과거 우리들의 통행로였던 길은 잡초가 우거진 데 반하여 기차에는 승객이 꽉 차 있습니다.

나는 21년간 이 즐거운 나라에서 살아왔습니다만, 이 철도로 인하여 나의 제2의 고향인 한국이 장차 어떻게 발전하는가를 볼 때까지 이 땅에 머무를 것입니다. 그리하여 후일 나는 파리에서 기차를 타고 점잖게 차장을 향하여 '남대문에 내려주시오'라고 말할 수 있는 때가 오기를 간절히 바라는 바입니다.

## 옛길의 몰락

앨런 공사가 경부선 개통식에서 남긴 말은 제법 유명해져서 지금도 자주 인용된다. 흔히는 가장 마지막 구절인 "후일 나는 파리에서 기차를 타고 점잖게 차장을 향하여 '남대문에 내려주시오'라고 말할 수 있는 때가 오기를 간절히 바라는 바입니다."라는 문장이 많이 인용되지만, 앨런 공사의 축사는 유럽과 한국이 철도로 연결되기를 바라는 것 이상의 더 많은 의미를 담고 있다.

앨런 공사는 먼저 철도가 전근대적 신분제의 차별을

——— 1910년대의 서울역(남대문역)에 정차해 있는 기차의 모습.

허락하지 않는 평등한 물건이자 시간 엄수를 가르치는 문명의
도구임을 강조한다. 기차가 출발하고 도착하는 것을 알리는
시각표-타임테이블은 누구에게나 평등하게 적용되었으며, 언제나
똑같은 시간에 적용된다는 것을 알려줌으로써 시간의 규칙성을
가르치는 근대적 장치로 기능했다. 양반님네가 타러 올 것이라고
기차가 출발 시간을 넘겨 기다려주지는 않았다. 또한 누구도
기관차에 직접 몸으로 대적하는 것은 불가능했다. 여러모로

기차는 평등한 물건이었다. 물론 1등칸부터 3등칸까지 나뉜
객실은 신분 차별을 다르게 표출했지만 말이다.

앨런 공사의 이야기에서 더 눈여겨볼 것은 철도가 가져오는
교통과 경제상의 변화에 대한 강조다. 처음에 철도가 어떤 것인지
몰랐던 사람들은 철도에 반대하거나 무서워했다. 그리고 철도
건설로 자신들의 땅이 수용될 때 그것에 긍정적인 사람은 별로
없었다. 그렇지만 철도에 반대하거나 반신반의했던 사람들 중
대다수는 철도가 개설되자 그것을 열렬히 이용했다. 앨런 공사가
말했듯 철도는 사람이 넘쳐나는 데 비해 그 이전의 통행로는 곧
잡초가 우거진 길로 퇴락하고 말았다. 사람들은 시간이 더 걸리는
옛길 대신 언제라도 그랬던 것처럼 기차를 이용했다. 그리고
'시간은 금'이라는 말이 근대를 대표하는 말이 되기 시작했다.

비교적 서울에서 가까운 인천을 운행하는 경인선에서 옛길의
몰락은 웅변적이었다. 누구의 눈에나 그 극적인 대조가 분명했다.
이는 곧 경부선과 호남선 등 한반도를 가로지르는 간선철도에서
비켜난 지역들이 겪을 운명이기도 했다.


## '유림의 반대'라는 신화

조선시대까지 어느 정도 규모를 갖추고 번성했으나 근대에 들어
철도가 비켜 간 이후 발전하지 못한 지역들에 전하는 이야기가

있다. 그 고을의 양반 세력 혹은 유림들이 철도 건설에 반대해
노선이 지나지 못했다는 이야기다. 경북 상주, 경기 안성, 충남
공주 등에 그러한 이야기가 전한다. 나중에 철도가 지나기는
했지만 주요 노선이 아니었던 전북의 전주에도 비슷한 이야기가
있다.

이런 이야기에는 하나의 패턴처럼 "왜놈의 철도"라는 말이
등장하는 것까지 비슷하다. 철도는 일본이 자국의 식민주의와
제국주의 이해에 맞춰 건설한 것이고, 그에 대한 반대는 마치
민족적 저항이었던 것처럼 묘사된다. 공주에서 채록된 한 구술
기록에서 구술자는 이렇게 이야기하고 있다.

> 철도가 일리 올라 그러니께 공주 갓 쓴 양반들이, 어떻게 차령산맥,
> 잉? 조상의 혈을 끊구서 철마가 넘어오느냐. 못 온다. 해갖고 그냥
> 조치원으로 해서 대전으로 갔다구. 일제가 근대화해서 달리는
> 철마를 우리 고장에서 받아들이지 않겠다는 거여. 그러니까 인저
> 대전으로 틀어서 바뀌었지.

자세히 구술 기록을 들여다보면 구술자가 직접 경험한
사실이 아니라 그렇게 되었다고 들었던 말을 전하는 것임을 알 수
있다.

심지어 지역의 공식적인 자료에도 이런 이야기가 등장한다.
1988년 출간된《공주군지公州郡誌》에서는 "일찍이 철도 부설의

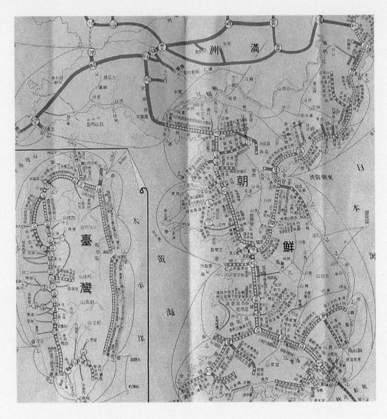

──────── 한국과 대만, 만주국에 부설된 철도를 한 지면에 담은 철도 지도. 일본의
식민지 경영에 있어 철도는 핵심 요소 중 하나였다.

계획 수립 당시 그 노선이 공주를 거치게 되었음에도 이를 적극
반대하여 마침내 노선의 변경을 자초하였다."고 이야기하고 있다.
공주만 그런 것이 아니다. 조선시대까지 경상도의 중심 도시
중 하나였던 상주도 상황이 비슷하다. "상주사람은 보수적이고
폐쇄적인 기질이 있다."며, 기록으로 남은 것은 없지만 경부선
노선을 결정할 때 상주의 양반 세력(향촌 지배 세력)의 반대가
강하게 작용했다는 것이다.

하지만 어느 지역에서도 이러한 '설'에 부합할 만큼 철도
부설에 항의하는 강도 높은 반대운동의 기록은 찾아보기 어렵다.
한국 철도 교통사를 전공한 한 연구자는 "경부선 철도가 완공된
이후 사람과 물자를 수송하는 데 큰 역할을 하면서 철도가
지나가는 도시 발전에 결정적 영향을 끼쳤다."며 "경부선이 설계될
당시 일부 지역에서 반발해 노선이 바뀌었다는 소문은 전해지지만
사료에는 전해지는 것이 없다."고 이야기한다.

연구자들은 공주를 비롯해 여러 지역에 전하는 이러한
유림이나 지역 유지의 철도 반대 이야기를 일종의 '기억된
신화'라고 이야기한다. 몇몇 예외적인 사건을 제외하면, 대부분
지역에서 철도 부설을 반겼다는 것이다.

공주 역시 마찬가지여서 철도를 반기는 정도가 아니라
적극적으로 철도를 끌어오고자 했다. 다만 그것이 성사되지
않자, 거꾸로 유림의 반대 때문에 철도가 들어오지 못했다는
식의 이야기가 만들어지고 그것이 지역에서 통용되었다. 철도를

끌어오지 못한 것이 아니라 오히려 자발적으로 막았다는 말로 바뀐 것이다. 이런 상황에서 '왜놈의 철도'라는 표현이 '유림'이나 '양반'과 대비되면서 한층 강력한 호소력을 발휘했다.

물론 '몇몇 예외적인 사건'에 해당하는 내용들이 존재했던 것은 사실이다. 가령 공주에도 철도가 들어서는 것을 반대한 지역 유지-유림들이 있었다. 구한말의 선비이자 독립운동가로 공주를 대표하는 성암 이철영은 철도가 일제의 수탈 도구라고 생각하고 그에 대해 반대 입장을 갖고 있었다. 그는 서울까지 상경해 10부 대신들을 일일이 찾아가 만나며 철도 부설에 반대했다고 한다.

그러나 앞의 글에서 보았던 것처럼 경부선과 호남선 모두 공주를 경유할 가능성이 있었지만, 건설 주체인 일본의 이해관계에 따라 최종적으로 노선에서 제외된 것이었다. 기차가 비켜 간 다른 지역 역시 마찬가지다. 한반도에서 일본의 철도 부설은 안정적이고 효율적인 식민지 경영과 중국대륙으로의 진출까지를 염두에 둔 중대한 사안이었다. 그런 전제에서 일본은 누군가의 반대 때문에 노선을 변경하거나 조정한 것이 아니라 자신들의 이익을 우선해 최종적으로 노선을 결정했다.


공주에도 철도를!

일제강점기의 신문 기사에는 공주에 철도를 유치하려는 움직임에

근대도시 공주의 탄생

──────── 1920년대 공주 시내의 거리 모습을 담은 엽서. 사진 속
조선자동차운수주식회사는 공주와 조치원을 연결하는 자동차 서비스를 제공하였다.
현재의 중동 큰 사거리와 작은 사거리 사이에서 촬영하였다. ©공주대학교 공주학연구원

관한 내용이 심심치 않게 등장한다. 가령 1920년 4월 16일 자
〈동아일보〉에는 '공주중철속성대회公州中鐵速成大會'라는 제목
아래 다음과 같은 기사가 소개되었다.

중앙철도회사에서는 아무런 이유를 밝히지 않고 공주−조치원−

충주 간 선로 공사에 착수치 아니하고 시일을 미룸으로써 현황과
같아서는 일반은 회사가 과연 사업에 착수할 성의가 있는지
믿기 어렵다며, 만약 이와 같이 시일을 지체하는 것은 공주의
발전을 막는 큰 문제라 하여 공주 유지는 본일 오후 세 시부터
공립보통학교에 모여 철도속성시민대회를 개최한다고 한다. 그
실행방법은 위원 수 명을 천거하여 결의문을 내고 당국에 진정하는
동시에 한편으로는 동 회사에 대하여 그 사업상에 대한 성의의
유무를 질문하기로 계획하였다는데, 만약 회사에서 성의가 없는
경우에는 조선 전도 유지와 단결하여 상당한 처치 방법을 강구할
터라 하더이다.


경부선과 호남선 부설 이후 대전과 조치원의 발전을
지켜보면서 공주는 철도 유치에 대한 강한 의지를 드러냈다.
철도 부설을 둘러싸고 분위기가 바뀐 것도 영향을 미쳤다.
총독부가 주도하던 한반도 간선철도 체계가 일정하게 완성된
이후 민간회사에 의한 민영철도 건설 움직임이 지역마다 붐을
이루었다. 공주도 예외가 아니었다.
　　공주 유지들은 적극적이고 조직적으로 철도 유치에 나섰다.
이들은 시민대회를 조직하고 청원서를 제출하여 민심을 보여주며,
모임을 조직하여 재정적인 후원 및 로비 작전에 돌입했다. 공주
유지들이 염두에 두고 추진한 노선은 세 방향에 걸쳐 있었다.
먼저 공주에서 조치원을 거쳐 청주나 충주로 가는 노선, 다음으로

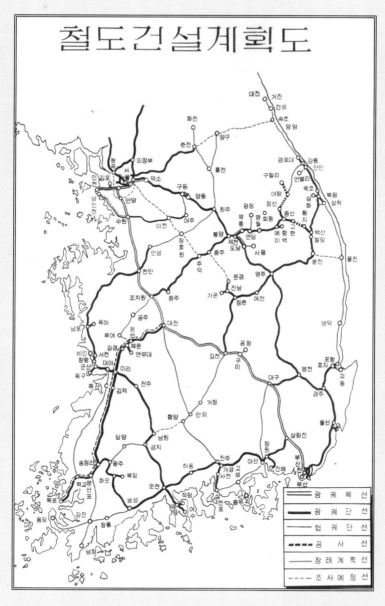

# 철도건설계획도

1969년 8월, 철도건설국에서 발간한《철도건설사》책자에 실린 철도 건설 계획도. 조치원에서 공주, 부여를 거쳐 논산에서 호남선과 합류하는 노선이 건설 계획에 포함되어 있다.

조치원에서 공주를 거쳐 충청남도 서해안까지 가는 노선,
마지막으로 조치원에서 공주를 거쳐 전라도로 가는 노선이었다.
이 중에서도 조치원과 공주를 잇는 노선의 부설이 가장 시급하고
핵심적인 사항으로 거론되었다.

　1916년 조선경편철도주식회사가 공주-충주 간 노선
부설을 추진한 것을 시작으로, 1921년에는 조치원과 공주를
궤도자동차로 연결하는 안이 나왔다. 762mm 협궤 동차로
조치원-연기-갈운-대교-신관-공주를 연결하겠다고
나선 것이었는데, 추후 논산-부여-장항까지 연장하겠다는
계획까지 마련해두었다. 1923년도부터는 전주와 연합하여
남조선철도주식회사를 상대로 여러 차례에 걸쳐 조치원-공주-
전주를 연결하는 안을 제안했다. 1926년부터는 조치원-공주-
대천(서천)을 연결하는 철도가 제안되었다. 이는 나중에 조치원과
서천의 판교를 연결하는 '조판선鳥板線' 부설 논의로 계속
이어졌다.

　조판선은 일제강점기만이 아니라 해방 이후에까지
지속적으로 추진되었다. 1966년 12월 9일자 신문에 실린
기사에는 전날 국회에서 논의된 1967년 예산안 확정에 관한
내용이 소개되었다. 이듬해의 총선을 앞두고 여야 의원들의 예산
갈라먹기 경쟁을 비판하는 기사였는데, "충남 출신 박찬, 방일홍,
김종갑 의원 등이 예산의 지역 편중을 문제 삼으며 항의, 그중 신설
철도 자금으로 5천만 원으로 조판선(조치원-판교)을 기공하겠다는

보장을 받았다."라는 내용이 눈에 띈다.

　같은 해 4월 29일에는 공주를 방문한 박정희 대통령과 당시 공주 군수의 대화를 소개하는 가십 기사가 신문에 나기도 했는데, 여기서 조판선 철도 부설과 도로포장을 요구받은 박 대통령은 "도로 포장이나 조판선이 뭐가 급하오."라고 군수에게 핀잔을 주었다. 연말에는 이듬해 총선을 위해 조판선에도 일부 예산을 배정하는 듯했지만, 실제로는 그해 봄 박 대통령의 핀잔이 더 힘이 셌다. 조판선은 이후에도 건설되지 않았다.

　이외에도 일제강점기와 해방 이후에 걸쳐 여러 노선이 제안되었으나 공주에 철도를 유치하겠다는 계획은 결국 현실화되지 못했다. 그러는 사이 대전과 조치원은 철도 부설의 효과를 누리며 발전을 거듭했다. 특히 대전은 교통의 요지에서 상업의 요지로, 그리고 도청 이전을 통해 행정의 요지로까지 거듭났다. 충남의 중심도시는 공주에서 대전으로 바뀌었고, 공주가 점점 영향력을 잃어가는 만큼 철도 부설은 더더욱 불가능한 과제가 되었다.

충청남도 도청 소재지가 되면서, 또 도청 소재지가 대전으로 옮겨 간 뒤에도 공주 역시 한국의 대부분의 장소들이 그러했듯 근대화의 격변을 겪었다. 백제의 왕궁이자 조선의 산성이었던 공산성은 근대식 공원으로 재탄생했고, 좁은 길들은 정비되고 새로 난 '신작로'가 시내 곳곳과 시외를 연결하며 도시의 풍경을 바꾸었다. 영명학교를 시작으로 근대식 교육이 시작되었고, 이는 마침내 공주여자사범의 설립으로 '교육도시' 공주의 명성으로 이어진다.

3장

도시의 변모

역사 공간을 오락 공간으로

도시의 얼굴, 새 건물과 신작로

'교육도시 공주'라는 도시 브랜드

# 역사 공간을 오락 공간으로

## 근대 도시공원이 된 공산성

### 도시의 근대적 상징물, 공원

2020년 기준 대한민국에 만들어진 공원의 숫자는 모두
22,254개에 달한다. 이는 규모와 상관없이(소공원이나 어린이공원,
근린공원 등을 모두 포함하고 있다) 국가나 지방 공공 단체가 공중의
보건·휴양·놀이 따위를 위하여 마련한 정원, 유원지, 동산 등의
사회 시설 전체를 포괄한 수치다.

　오늘날에는 2만 2천여 개의 공원이 있을 만큼 사람들이
쉽사리 공원을 접할 수 있지만, 이전에 사람들은 아무런 구획
없는 자연 그 자체를 향유하거나, 주로 왕이나 지배층의 일원들이
사적 공간으로 정원 등을 조성해 폐쇄적으로 이용해왔다. 지금의

─────── 《서유견문》은 1895년 유길준이 저술한 서양에 대한 견문록이자 근대화
과정에 대한 고민을 담은 서적이다. 유길준은 1881년과 1883년 수행원으로 각각
일본과 미국을 다녀오면서, 변화한 일본과 그 모범이 된 서구를 탐구하고 조선이
어떻게 근대화 과정을 밟을 것인가를 고민하며 이 책을 썼다. ⓒ배재학당역사박물관

공원과 비슷한 기능을 하는 공간들은 근대 이전에도 있었지만
공공 서비스의 하나로서 누구나 이용할 수 있는 공원이 만들어진
것은 어디까지나 근대의 산물이다.

　　한국에 처음 '공원'을 소개한 것은 한국 최초의 서구
유학생이었던 유길준이다. 유길준은 《서유견문西遊見聞》에서
도서관, 박물관, 식물원, 동물원 등과 함께 서구 도시의 근대적
상징물로서 공원을 다음과 같이 이야기했다.

나라 안의 큰 도시마다 도서관, 식물원, 박물관, 공원 등을
개설하는데 이는 국민의 지식을 실제적으로 돕는 큰 기틀이
되므로 정부가 크게 힘써야 할 중요한 일들이다. (…) 그중에서도
공원을 여기저기 만드는 것은 무익한 일이라고 말하는 자도
있을지 모르겠으나 절대 그렇지 않다. 가난한 사람이나 부자나
간에 결코 각각 그 영위하는 사업에 분주하여, 정신이 피곤하고
기력이 나태해졌을 때 공원에 들어가 한가한 걸음걸이로 소요하고,
꽃향기를 맡으며 수목이 우거진 그늘 밑에서 청명한 공기를
호흡하고 아름답고 고운 경치를 감상하면 가슴이 맑아지고 심신이
상쾌하여 고달픈 모습이 스스로 사라질 것이다. 이러한 곳이 있다는
것이 사람들의 심신의 건강에 도움이 될 뿐 아니라 그렇게 많은
재산을 들여 공중을 위한 즐거움에 이바지한다는 것은 실상 부유한
분위기를 가난한 자와 함께 이바지한다는 뜻이므로 빈자가 부자를
질투하는 마음도 없어지게 된다는 것이다.

유길준은 도시에 꼭 필요한 요소의 하나로 공원을 언급하고
있으며, 교육과 휴식, 건강을 위한 목적으로 활용할 것을 강조하고
있다.《서유견문》이 처음 간행된 것은 1895년. 한국에 처음 공원이
도입된 것은 그보다 이전인 1888년의 일로, 인천의 각국 조계지
내에 '각국 공원'이란 이름으로 조성된 것이 시작이다. 서울에
공원이 생긴 것은 1885년 한성조약 이후 일본인 거류지였던
남산 왜성대(예장동) 일대에 1897년 '왜성대공원(화성대공원)'이

─────── 1912년 3월 15일, 일본에서 온 조선실업시찰단이 서울 남산
왜성대공원에 올라 서울 시가지를 내려다보고 있다. ⓒ서울역사박물관

조성된 것이 처음이다. 1906년에는 남산 북면의 일본인 거류지 주변 일대를 '경성공원'으로 개발했으며, 1910년에는 남산 서북쪽 기슭인 회현동 일대에 '한양공원'을 조성했다. 이후 왜성대공원과 한양공원을 합하여 '남산공원'이라 불렀다.


## 공주의 첫 공원들

일제강점기에는 전국의 도시마다 공원이 들어서기 시작했다. 본래 서구에서 공원은 산업혁명과 도시화를 거치며 나빠진 도시환경을 회복하려는 방편으로, 산업화의 이면이자 대안적 장치였다고 할 수 있다. 이에 비해 산업화를 거치지 않고 외세의 강압으로 근대를 맞이했던 한국에서는 서구 근대도시의 상징 중 하나인 '공원'을 도시에 갖춤으로써 각 도시의 근대성을 과시하는 게 우선이었다.

　공주에 도시민의 휴식처로서 공원이 처음 들어선 것은 1913년경이었다. 지금은 3.1 중앙공원이 된 영명학교 앞의 '앵산공원'과 공산성을 공원으로 바꾼 '산성공원'이 바로 공주의 첫 공원이었다.

　1910년대는 공주의 전체적인 모습은 아직 근대도시에 이르지 못했으나 근대를 표상하는 장치들이 하나둘씩 들어서던 무렵이었다. 소설가이자 언론인인 민태원은 1919년 공주를 방문한 경험을 〈매일신보〉에 '부춘산인富春山人'이라는 필명으로

네 차례 글을 실은 적이 있다. 그는 공주에 대한 느낌으로 "도청 소재지로서 그리 넓다고는 못하겠으나 정결하고 정답기로는 유수한 곳"이었다고 적고 있다.

민태원이 본 공주는 "시가는 남북으로 길고 동서로 짧으며 반수 이상이 초가"였다. 공주에 와서 제일 부러운 것이 남북으로 흐르는 제민천의 맑은 냇물이었다고 이야기하는 대목에서 당시의 공주 상황을 짐작해볼 수 있다. 그는 "산간의 냇물보다 못할 것이 없다"고 적었는데 그만큼 자연환경을 악화시킬 만큼 도시화의 요소가 적었던 것이라고 유추할 수 있다. 민태원은 '공주의 4대 명물'을 꼽고 있는데, "첫째는 쌍수산성의 승경勝景이요, 둘째는 공주갑부 김갑순, 셋째는 버들 세공품, 넷째는 감"이었다.

민태원이 제일로 꼽을 만큼 쌍수산성, 즉 공산성의 뛰어난 경치는 예전부터 유명한 것이었다. 아직 송산리고분군, 특히 무령왕릉이 발견되기 이전의 공주에서 역사 깊은 도시로서 공주를 증명하는 것은 공산성이었다. 그리고 단지 역사만 유구한 것이 아니라 그 산성에서 공주 시가를 내려다보고 또 반대편으로 금강을 바라다보는 빼어난 풍경이 유명했다. 뒤에서 자세히 살펴볼, 독일인 베버 신부가 공산성을 방문하고 남긴 기록은 공산성의 풍경을 이야기한 많은 글 중에서 으뜸이다.

이 놀랍도록 신비스러운 그림 속에 우리가 서있었다. 어두운 그늘과 무너진 성벽 사이로 비치는 눈부신 빛살, 보랏빛 바위에 낀 연록의

──────── 앵산공원(현재의 3.1중앙공원)에서 내려다본 공주 시가지 파노라마 엽서.
나무로 일부가 가려졌지만 시가지를 빼곡하게 채운 관공서와 상점, 민가를 확인할
수 있다. 특히 충남도청 포정사와 감영길을 중심으로 왼편에 한국전쟁 당시 무너진
공주금융조합의 2층 건물이 보이는 것으로 미루어 1919년 이후 촬영된 것으로
추정된다. ⓒ공주대학교 공주학연구원

─────────  1910년대 초, '조선의 명소'라는 제목의 시리즈 엽서 중 하나로 현재의
공산성 쌍수정 부근에서 금강과 공북루 방향을 바라본 모습이다. 공북루 일대는
충청병영의 중군영지로서, 사진 속에는 중군영 주요 건물이 아직 남아있다. 특히
주출입구인 2층 규모의 해상루海桑樓는 산성 내 다른 장소로 옮겨 세웠는데, 광복 이후
공주를 방문한 김구가 '광복루光復樓'라 이름 지었다. ⓒ공주대학교 공주학연구원

이끼, 뒹구는 돌 사이의 금빛 모래, 붉은 석양에 물든 초록 언덕,
반쯤 어둠이 내린 골짜기 검은 지붕들 사이로 발그레하게 빛나는
하얀 벽, 소나무 사이로 빛나는 일광, 빛나는 언덕을 휘감고 굽이진
은빛 강물, 강변을 둘러싼 백사장, 한국은 아름다움과 정취를 점점
더해 갔다.

그렇지만 이미 베버 신부가 공산성을 방문했던 1911년에
산성은 "수다스런 일본 사람들의 소풍 장소"로나 쓰이고 있었다.
1913년에 공산성을 산성공원으로 지정한 일제 당국은 그 '일본
사람들의 소풍 장소'에 먼저 나무를 심었다. 확실한 기록이 남은
것으로는 1916년 4월 3일에 진무 일왕의 제일을 맞아 각급
기관장과 지역 유지들이 적송 2,600여 그루를 심었던 일이 있다.
같은 해에는 도청이 주도해 묘목 2만 그루를 심기도 했다.


## 나무 심기의 문화정치

일본인들은 벚꽃을 좋아해서 봄이면 전국적으로 벚꽃을
맞이하는 행사가 벌어진다. 아시아·태평양전쟁이 한창이던 때는
벚꽃이 지면서 흩날리는 모습과 병사가 나라를 위해 죽는 것을
동일시하면서 미학적으로 숭상하기까지 할 정도였다. 통치자이자
식민지 개척자로 한국에 온 일본인들은 한반도에도 벚나무를
대량으로 심으며 보급하였다. 1907년 도쿄와 오사카에서
왕벚나무 3년생 묘목 1,500본을 수입하여 서울 남산 왜성대공원에
심은 것이 처음으로, 이후 한국의 전통 공간, 근대공원, 신작로
등을 중심으로 벚나무를 심기 시작하였는데, 총독부의 적극적인
지원 아래 묘목을 양육하여 판매하기도 하였다.
　　벚나무를 대규모로 심은 공간은 이내 벚꽃 명소가 되었고,

───────── 위는 일제강점기 공주지방법원에 만개한 벚꽃을 촬영한 사진그림엽서다.
공주지방법원 주변에는 벚나무가 많아 공주의 주요 벚꽃 명소 중 하나로 유명했다.
아래는 1930년대에 만들어진 '백제의 고도' 엽서 시리즈 중 공주 산성공원 진남루
편이다. ⓒ공주대학교 공주학연구원

당시 신문과 잡지 등 미디어의 적극적인 홍보와 한국에 사는 일본인들이 벚꽃 문화를 즐기는 풍습이 차츰 전파되면서 낮에 하는 벛꽃놀이인 관앵과 밤에 하는 벛꽃놀이인 야앵이 도시의 봄 문화로 정착하기도 했다.

한편 벛꽃이 심어진 한국의 전통 공간은 본래 각 공간이 가지고 있던 의미나 가치를 잃고 위락慰樂을 즐기는, 소비되는 공간으로 변모했다. 벚꽃놀이는 마치 연예 행사나 영화 상영과 마찬가지로 약간의 입장료만 내면 누구든지 즐길 수 있는 놀이여서, 그 놀이가 진행되는 장소는 결국 '놀이터'가 되었다. 일본은 한국의 전통 공간, 역사 공간을 위락시설로 만드는 데 열심이었다고 할 수 있는데, 봄이면 벛꽃을 즐기는 인파로 인산인해를 이루었던 서울 창경원(창경궁)이 대표적인 사례라 할 만하다. 궁에 동물원과 식물원을 만들어 대중들이 찾는 나들이 장소로 만든 것에 더해 벛나무를 심고 그 꽃놀이를 즐기면서 완전히 위락시설이 된 것이다.

공주에서는 바로 산성공원이 그런 역할을 담당하였다. 언제부터 얼마나 심었는지 과정을 정확히 확인할 수는 없지만 일제강점기에 공산성에도 벛나무를 많이 심었다. 산성공원은 공주 시민들의 나들이나 소풍, 데이트 장소로 사랑받았고, 또 공주 바깥에서 온 여행자들이 될 수 있으면 방문하는 장소가 되었다. 거기서 바라보는 경치나 여러 문화유적(1929년 충남 지사가 총독부에 보고한 공주군의 고건축물 10개 중 6개-진남루, 웅심각, 공북루,

쌍수정, 웅심각 비각, 쌍수정 비각-가 공산성 안에 있었다) 때문이었지만 봄철에는 벚꽃 때문에도 찾아가는 장소가 되었다. 당시 봄이면 공주의 두 공원인 앵산공원과 산성공원, 그리고 금강길과 논산길이 벚꽃으로 유명했다.

1922년 〈동아일보〉의 기사에 따르면, 벚꽃이 만개하는 무렵 벚꽃축제인 관앵회觀櫻會가 산성공원에서 열릴 때는 도지사가 개회사를 하고 도청 직원과 기자 등 수백 명이 모여서 폭죽을 쏘며 음악과 춤을 즐기기도 했다.


## 나들이와 소풍 장소, 유락공원 공산성

이처럼 공산성은 역사적 의미에 대한 조명 대신 나들이와 소풍 장소로 적극 개발되면서 공간이 갖는 의미가 변질되고 퇴색되었다. 1915년의 발굴 조사를 통해 이미 공산성이 조선시대에 감영과 산성이 설치되었던 곳만이 아니라 훨씬 더 시간을 거슬러 백제시대의 왕성이 있던 곳이라는 게 밝혀졌어도 상황은 별로 달라지지 않았다.

공산성의 위락시설화는 도로 개설로 절정을 이루었다. 이전까지 산성공원 안으로 가는 길은 자동차는 고사하고 자전거 한 대가 통행하기에도 불편할 정도로 협소했다. 그래서 공원의 이용 편의를 높이기 위해 도로를 수리하기로 했는데, 1930년

公州山城公園運動場
全国自轉車大会

――――― 1939년 공산성 쌍수정 앞에서 열린 전조선자전차대회 모습. 일제는
유적으로서 '산성'을 보호하는 조치를 취하기보다 '공원'에 더 강조점을 두고 행사를
열거나 도로를 개발하는 등 적극적으로 위락·유락 공간으로 만들었다.
ⓒ공주대학교 공주학연구원

4월에 공주시민회장인 마루야마는 공산성 안을 통과하는 도로를
만들자고 제안했다. 시민회의에서 이 제안이 만장일치로 통과되자
도청 당국도 이를 받아들여서 토목과장이 실지 조사와 제반
사항을 검토하였다. 비용은 유지들의 기부와 함께 관민 모두가
자발적으로 도와서 하기로 했는데, 이 도로가 보수되면 "경성의
남산공원과 비슷한 화려한 유락공원遊樂公園이 되리라"고 했다.
당시 시민이 먼저 나서서 만든다는 방안은 결국 실현되지 않아서
2년 후인 1932년 지방비를 투입해 거리 약 1.6 킬로미터, 폭 약
5.4미터의 도로를 만들었다.

　　공원 안을 통과하는 자동차도로가 개통된 뒤 공산성은 다른
지역에서도 사람들이 찾아와 매일 500~600여 명이 방문하는
관광 명소가 되었다. 지금 기준으로도 적지 않은 인파가 찾는
관광지였던 셈이다. 산성공원을 '위락시설'이자 '유락공원'으로
만들겠다는 계획은 결국 유람도시, 관광도시로서 공주를
개발하겠다는 계획의 일환이었다. 유람과 관광 역시 근대의
산물이라면, 유람도시·관광도시 공주는 큰 투자나 변화 없이
근대도시의 일면을 획득하는 손쉬운 방법이었다.

# 도시의 얼굴, 새 건물과 신작로

## 1925년의 근대도시 공주 투어

### 공주의 새 모습을 찾아서

1925년 6월 7일자 〈동아일보〉 3면에는 공주 사람들에게 흥미 있을 만한 지역 소식이 하나 게재되었다.

> 충남공주부인회에서는 공주 부인계의 상식적 사회 실황을 견학케 하고자 하여 본사 공주지국 후원으로 부인 견학단을 조직하여, 다음 15일 오전 7시 반부터 공주 혼마치 참여 관저에 모여 공주 시내를 견학한다는데 그 예정지는 다음과 같다.
> 공주군청 → 공주면사무소 → 도립의원 → 식산은행지점 →
> 공립보통학교 → 남선회사 → 계명상회 → 대전자동차부 →

1926년 발행된 공주시가 지도. 관광 안내 정보도 함께 담고 있다. ©대한민국역사박물관

조선자동차부 → 쿠로다착유장 → 실업협회 → 형무소 → 전기회사
→ 도기조합 → 우편국 → 경찰서 → 공주지방법원 → 충남도청→
경관교습소 → 공주금융조합 → 원잠종 제조소 → 잠종 취체소 →
종묘장 → 충남도립사범학교(*충청남도가 운영한 교원단기양성소로서
1929년에 폐교되었으며 이후 1938년에 공주여자사범학교가 문을 연 바 있다.)
→ 수원지→ 고등보통학교 → 영명남학교 → 영명여학교 → 서양인
가정

원도심 지역의 공주가 그렇게 크지 않은 규모라고 해도 답사
예정지로 올려놓은 곳만 보면 꽤 부지런히 움직였어야 했을 만큼
많은 곳을 답사하려던 것임을 알 수 있다. 당시 부인 모임의 답사
코스로 준비한 곳은 지방행정 분야의 여러 기관들과 산업 관련
시설들, 그리고 교육기관 등이다. 당시는 전국 각지의 지역에서
'부인 견학단' 활동이 활발하던 무렵이었다. 일제강점기가 시작된
이후 15년, 그리고 3.1운동이 벌어지고 막 6년이 지난 무렵이었다.
　일본 식민지 당국은 한국이 식민지 이후 얼마나
나아졌는지를 보여주고 싶어 했다. 지방 도시의 경우 그것은
도시에 새로 들어선 신식 건물들과 그 건물들을 이어주는 새로 난
도로인 신작로, 그리고 그 건물과 도로들이 떠맡고 있던 역할로
증명될 것이었다. 위의 답사 코스에 포함된 것은 모두 조선 왕조
시대에 존재하지 않았던 것들이다. 근대 이전 시대에도 비슷한
역할을 수행하는 기관이나 관청이 있었지만, 우편국이 수행하는

역할, 경찰서가 수행하는 역할, 또 법원과 형무소, 군청이 수행하는
역할, 그리고 여러 급의 학교들이 수행하는 역할은 전과 같지
않았다.

호서지역이 충청남도와 북도로 나뉘었던 1896년 8월부터
충남도청이 공주에서 대전으로 이전하는 1932년 9월까지
공주는 충청남도의 14개 군을 관할하는 도청 소재지였다. 도청
소재지였던 만큼 대한제국 시기와 일제강점기를 거치며 근대적인
기관과 관청, 단체 등이 공주에 생겨났다. 그 기관, 관청, 단체들은
자신의 근대적 역할을 간직한 채 각각 건물에 터를 잡고 장소성을
갖기 시작했다. 위의 빼곡한 답사 일정표, 또 시각적으로 공주의
새로운 건물들을 잘 보여주는 1926년에 만든 공주 시가지 지도
등에서 그것을 확인할 수 있다. 아쉽게도 하루 종일 답사 모임의
발걸음으로 밟아나갔을 저 답사 코스 중에 지금도 남아있는
건축물은 가장 마지막 답사 코스로 예정된 '서양인 가정'뿐이다.


## 식견을 넓히는 도시 견학

현재 공주에 남아있는 일제강점기 당시의 건축물은 그리
많지 않은 편이다. 먼저 가장 유명한 것이 1933년 세워진
금강철교(국가등록문화재 232호)로 그 1년 전의 도청 이전에 따른
보상 차원으로 건립되었다. 그 이외에도 1923년 건립되어 나중에

공주읍사무소로 사용되었던 충남금융조합연합회관(국가등록문화재 433호), 1931년 11월 건립된 공주제일감리교회(국가등록문화재 472호), 1937년 건립된 공주중동성당(충청남도 기념물 142호), 1921년에 건립된 공주 중학동 구 선교사 가옥(국가등록문화재 233호), 그리고 1930년대에 지어져 당시 공주 주둔 헌병대장 관사로 쓰였던 옛 일본인 주택(지금은 공주풀꽃문학관으로 사용되고 있다) 등이 있다. 이중 중학동 구 선교사 가옥이 바로 부인 견학단의 답사 코스에 올라 있는 '서양인 가정'이다.

1925년 6월 19일에는 '공주 부인견학 유익한 1일간'이라는 제목을 달고 당시의 행사 결과 보고가 소개되기도 하였다. 참여 인원은 70여 명이었으며, 몇몇 장소는 시간 관계상 들리지 못하였으나 대부분의 예상 일정을 소화한 것으로 보도하였다. 이들 부인회 답사 모임은 군청에서는 각과 주임으로부터 담당 실무에 대한 설명을 들었고, 도립공주의원에서는 환자 치료와 위생 생활에 대한 강연을 들었다. 공립보통학교에서는 아동들에 대한 학습 교수 장면을, 또 영명남학교에서는 고등보통과의 교수 장면을 참관했으며, 영명여학교에서는 여자교육의 임무가 얼마나 시급한 과제인지에 관한 내용을 교육받았다. 이처럼 단지 장소의 겉모습만을 훑어보는 것에서 그치지 않고, 각 장소가 가진 역할에 대해 충분히 배우고 깨닫는 자리였다.

10년 뒤인 1935년 10월 4일에는 한 번 더 동아일보 공주지국 주최로 부인 견학단을 모집한다는 짧은 기사가 실렸다. 10년의

 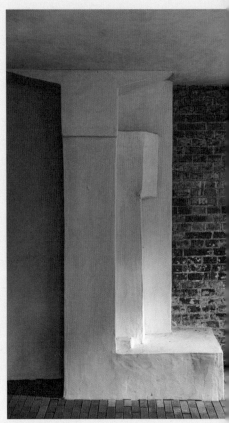

───────── 공주 중학동 구 선교사 가옥의 내외부 모습. 주 현관 외에 주방과 바로
연결되는 부 현관이 따로 있었다. 당시 사람들에게 서양인 가옥은 이중 삼중으로 쌓은
벽돌 구조와 집 내부에 만든 화덕, 그리고 오폐수를 내려보내는 하수도관 등 근대의
구체적인 속살을 만날 수 있는 공간이었다.

세월이 지났지만, 겉으로 내건 목표는 크게 다르지 않았다.
'집안에 깊이 들어앉아 가정 꾸리기에만 골몰하는 부인의 식견을
넓힌다는 것'이었다. 답사 예정 코스는 이전에 비해 많이 단순해진
것이 특징이었는데, 공주 백제왕릉, 공주형무소, 공주지방법원,
공주고등여학교, 도립의원, 공주고등보통학교, 공주읍 수원지,
영명학교 등이었다.

가장 큰 차이는 공주 백제왕릉이 답사 코스에 포함되었다는
점이다. 계속되는 발굴 작업을 통해 송산리고분군의 무덤들이
하나씩 공개되면서 공주는 새삼스럽게 백제 왕조 도시로서
주목받았다. 그에 비해 식민지 근대도시로서 공주를 강조할
필요는 점점 줄어들고 있었다. 그것이 이제 시민들의 일상이
되었기 때문이다.


## 신작로의 양면성

신작로는 새로 만든 길이라는 뜻으로, 자동차가 다닐 수 있을
정도로 넓게 새로 낸 길을 이르는 말이다. 신작로는 조선시대에도
있었지만 잘 사용되지 않던 말이었다. 신작로와 자동차 모두
일제강점기 이후 본격적으로 사용되기 시작했다.

신작로에 대한 한국인들의 감정은 여러 가지가 섞여
있었다. 그것을 좋다고만 혹은 나쁘다고만 인식하지 않았다. 개별

1930년대 '백제의 구도' 시리즈 엽서 중 공산성 옆 일명 '벚꽃터널'의 모습이다. 이곳은 금강을 건너면 나오는 공주의 진입로로서 현재 금강교 남단에서 금서루를 지나 시가지로 들어가는 도로(현 웅진로)다. 자동차가 여유 있고 안전하게 지나갈 만큼 잘 닦인 신작로임을 알 수 있다. ©공주대학교 공주학연구원

사람들은 그런 일면적인 평가에 빠졌을 수 있지만, 집합적으로는 그렇지 않았다. 한국 민중에 있어 신작로는 문명개화를 앞당기고 실생활의 발전에 도움을 주는 근대의 기반 시설이었다. 동시에 일제가 자신의 수탈과 억압을 효율적으로 진행하기 위한 식민 도구이자 그 부역에 종사하는 것을 통해 민중들만 피해를 보는 부정적인 근대 산물이기도 했다.

일제의 헌병들이 지역 민심의 동향을 조사하기 위해 주막 등에서 했던 사찰 활동 기록에 그런 모순된 생각들이 잘 등장한다.

일제강점기 공주 시내 거리 모습을 담은 엽서. 1920년대에 촬영된 것으로, 충남도청 앞 관아대로에서 동쪽의 현 3.1중앙공원 쪽을 바라보고 촬영하였다. 공원 아래 대로가 끝나는 지점에는 조선식산은행 공주지점이 위치해 있으며, 길 양쪽으로 짚신과 꽃신을 파는 신발가게, 호미 등 농기구를 판매하는 상점도 보인다. 공원 위에는 전통 한옥식 누정과 일제의 초혼사가 보인다. 특히 이 누정은 조선전기에 공주목 관아 연못가에 세웠던 관정정觀政亭을 1474년 공주목사 홍석이 동쪽으로 옮겨 세운 취원루聚遠樓로 추정된다. ⓒ공주대학교 공주학연구원

1913년에 수집된 말들에는 이런 내용이 수록되어 있다.

조선 인민은 아직 의식이 발달하지 않았기 때문에 헌병대가 없으면
이처럼 넓은 도로도 만들지 못하고, 또 헌병대가 아니면 이런 길을
유지하지도 못한다. 어떤 까닭인지 군청의 명령은 잘 듣지 않는
것에 비해서, 헌병대의 경우는 무슨 일을 하든 솔선수범하면서
감독을 하니까, 그들이 명령을 내리기 전에 모든 사람이 열심히 제
일을 한다.

요즘 식한면에서 새로 도로를 만들게 되어 매일 부역을 나가기도
하고 도로 수리에도 나가고 있어서 몸이 하나라 양쪽에 다 나가는
것은 곤란하니, 관청에서 곤궁한 사람들의 상태를 살펴 1년에
12엔씩 돈을 내게 해서 부역을 면해주도록 한다면, 인민들의
생활이 나아질 것이다.

요즘 연산군 읍내에서 경천 방향으로 이어지는 도로와 두계에서
오는 도로를 만들기 위해 인부가 많이 들어간다. 나 혼자라면
일수가 오래 걸려도 상관없으나 나는 나 혼자서 많은 가족을 먹여
살려야 할 처지이니 곤란하게 되었다.

내년이 되면 공주군 읍내부터 신도안을 지나는 새 길을 만든다고
하는데, 그렇게 되면 얼마나 많은 인민이 고생하게 될지 모르겠다.

개중에는 한 사람 한 사람의 시국에 대한 소회를 엿들은
것만이 아니라 사람들끼리 대화를 나눈 것을 듣고 기록으로 남긴
것도 있다. 서로 다른 생각을 가진 두 사람이 실랑이를 벌이는 폼이
꽤나 진지한 대화다.

> 어떤 사람 1: 문명 세계가 좋긴 좋아. 옛길하고 새 길을 지나며 보게.
> 새 길은 밤에도 걱정 없이 다닐 수 있지 않나.
> 어떤 사람 2: 자네 이야기는 한쪽 사정만 아는 거야. 도로를 지나는
> 인민들은 꽤나 말이 많거든. 청소 인부로 내보낸다거나
> 눈을 치우게 한다는 것은 모두 헌병대가 억지로 시키는
> 거야. 제설작업은 자동차 통행을 위해서라고 하지.

## 도로 교통에서도 소외되다

철도가 놓이지 않은 공주에서 외부 세계와 연결되기 위해서는
새로운 도로가 필수적이었다. 예전에 공주를 번성하게 했던,
금강을 통한 수운은 점차 쇠퇴하고 있었다. 1907년부터
1917년까지 진행된 일제의 제1기 치도계획 당시에 공주를 외부와
연결하는 주요 도로망이 모두 완성되었다. 동서남북으로 천안,
논산, 조치원, 대전, 홍성, 부여 등을 잇는 도로가 건설되었는데,
이후 2기(1918~1928)와 3기(1929~1938) 때에는 공주의 경우 중요한

──────── 공주에서 대전을 연결하는 구 도로인 창벽로의 소학회전교차로 모습. 예전 도로의 모습은 찾아보기 어렵지만, 이곳 근처에서 대전 방면으로 향하는 도로와 논산으로 향하는 도로가 분기해 나갔었다.

도로망이 건설되는 경우는 없었고 대부분 보수 유지 정도에 그치고 말았다.

　오히려 시간이 지나면서 공주는 도로망에서도 소외되기 시작하였다. 철도가 지나지 않는 지역으로서 교통을 위한 입지의 중요성이 작아지기 시작한 것이다. 2기 치도 사업의 마지막 해이던 1928년도만 해도 공주는 1등 도로 1개(경성~목포 구간의 일부로 소정리-공주-논산을 잇는 도로)와 2등 도로 3개(공주~조치원, 공주~대전, 공주~홍주)가 지나는 충남 도로교통의 요지였지만, '조선도로령'이 발표된 1938년도에는 더 이상 중요한 도로인 국도가 지나가지 않는, 지방도로 하나가 지나갈 뿐인 곳이 되었다.

　'조선도로령'은 도로의 등급을 국도, 지방도, 부도, 읍면도의 4종으로 각각 나누고 있었다. 그중 국도의 규정은 아래 사항 중 하나를 만족시키는 노선이면 되었다.

① 경성부에서 도청 소재지·사단 사령부 소재지·여단 사령부 소재지·요새 사령부 소재지·요항부(*주요 해군기지) 소재지 또는 개항에 달하는 노선
② 도청 소재지·개항 또는 중요지역·비행장 또는 철도역 상호 간을 연결하는 노선
③ 군사상 중요노선
④ 경제상 중요노선

이처럼 도청 이전 후의 공주는 행정적으로나 경제적으로, 또는 군사적으로도 중요한 위치에 서지 못했다. 국도가 지나지 않는 도시라는 상황이 이를 잘 웅변한다.

이러한 상황을 예고했던 것이 1920년 4월 공주에서 대전 사이의 도로 노선을 변경하는 계획이었다. 연기군 금남면 진의리 부락 부근에 공주, 대전, 조치원, 부강 등 네 곳으로 통하는 도로의 교차점을 설치하고, 공주에서 대전 방면의 유성으로 가는 길도 이쪽으로 우회하도록 하는 내용이었다. 이 도로 노선 조정을 통해 공주와 조치원 사이, 또 공주와 대전 사이의 거리가 조금씩 연장되었지만 새로운 도로 세 곳은 모두 평탄하게 통행할 수 있어서 자동차와 마차 등 교통상의 이익이 크다는 것이었다. 이 계획은 충남의 도로 계획에서 그 중심이 공주가 아니라 대전임을 분명히 한 것이었다. 대전은 충남 전체로는 동남부에 치우친 위치로 한계가 있지만, 경부선과 호남선 철도가 분기하는 지점으로서 대전과 더 빠르고 편하게 연결되는 것이 충남의 다른 지역에 중요한 과제가 되었다. 철도를 놓친 공주는 번번이 대전과의 경쟁에서 고배를 마셨다.

# '교육도시 공주'라는 도시 브랜드

## 근대적 개발과 문화적 개발

### 새로운 도시 브랜드의 추구

공주는 백제의 웅진시대 수도로서 역사의 무대에 등장한
이래 백제 멸망 이후 당나라가 웅진도독부를 설치하였으며,
나당전쟁으로 각지의 도독부를 축출한 이후 신라의 웅천주로
바뀌었다. 고려시대에 공주목이 설치된 이후 조선시대에도
공주목으로 계속 존재하면서 임진왜란 이후에는 충청감영의
설치로 호서지역의 중심도시가 되었다. 근대에 들어서는
충청남도의 도청 소재지가 되는 등 오랜 기간 충청지역 일대를
관장하는 행정도시로서 기능하였다.

　　그러나 근대 이후 도시의 발전에 있어 교통 등의 영향력이

──────── 일제강점기 공주 영명학교의 모습. 영명학교는 충청지역 최초의
근대학교였다. 영명학교 교장 우리암 선교사의 끈질긴 요청으로 미국 감리회가
지원하여 1921년 10월 3층 양옥 벽돌건물로 세워졌다. 2002년에 붕괴를 우려해
철거되었다. ⓒ공주대학교 공주학연구원

중요해지면서 경부선과 호남선 철도의 노선에서 배제된 공주는
행정도시로서의 역할도 위협받게 되었다. 1932년 충청남도
도청이 대전으로 이전하면서 공주는 더 이상 행정도시로서의
지위를 갖지 못하게 되었다. 행정도시를 대신해 새롭게 도시
역할로 대신해 나온 것이 '교육도시 공주' '역사도시 공주'다.
1939년 봄에 나온 〈동아일보〉의 기사는 바로 이 '교육도시'
'역사도시'가 공주의 새로운 브랜드로 추구되었던 것을 잘
보여준다.

조선에서 오직 둘밖에 없는 공주의 여자사범학교를 설치하고자 1935년도부터 공주 인사들은 관립사범 설치 기성회를 조직하고 10만 원이라는 기부금을 모집하여 국비 27만 원을 얻어 웅장한 사범교사를 작년 11월경에 준공하고 이와 동시에 공주농업학교를 이전 신축하게 하고, 또한 충청남도에서 가장 역사가 깊고 최고 권위를 가져 53주를 호령하던 대건물 선화당 구 청사를 공주 앵구櫻丘에 이전하여 백제 고도인 공주에 백제박물관으로 개축한 바 그 웅대 화려한 단장은 옛 형상을 다시 나타내었다. 이상 삼대 건물의 준공은 기성회 회장 고원高原 읍장의 불면불휴한 성의와 지방 인사들의 열렬한 분발로 10여만 원이라는 거대한 기부금을 연출한 성과로 금일의 낙성을 보게 되었다. 오는 5월 5일 오전 9시에는 사범교, 동일 오전 11시에는 농교에서 낙성을 마치고 당지 쌍수산성공원 광장에서 460여 명의 기부자와 총독부 및 충남도청 각 관계자 등 500여 명을 초대하여 축하 기회를 개최한다는 데 당일은 각종의 여흥도 있어 대성황을 예기한다고 한다.

1932년 충남도청 이전, 1937년 공주지방법원 이전으로 상처를 입었던 공주시민들은 여자사범학교와 공주농업학교, 그리고 백제박물관의 개관을 맞아 교육도시, 역사도시의 면모를 갖추게 되었음을 축하하였다.

## 근대 교육의 시작

공주가 교육도시로서 유명해진 것은 바로 이 여자사범학교의 개교 덕분이지만, 그 이전부터 공주는 교육 부문에서 다른 지역에 비해 앞서 나가는 면이 있었다. 바로 충남 최초의 근대식 사립학교였던 '영명학교'가 그 시작이었다. 영명학교는 1905년 미국 감리교에서 파견된 샤프 및 사애리시 선교사 부부가 교회 안에 세운 명설학당과 명선학당으로 시작하였다. 이 두 기독교 선교학교는 1906년 윌리엄스 선교사에 의해 '영명학교'로 재건되었는데, 영명학교는 당시 충청지역에서 보기 어려웠던 신식 학교로 공주의 근대 이미지를 구축하는 데도 영향을 미쳤다.

일제강점기에 영명학교의 이름이 유명해진 것에는 독립운동에 헌신했던 이들과의 인연이 큰 역할을 했는데, 그중 가장 대표적인 인물이 바로 3.1운동의 상징과도 같은 유관순이었다. 유관순은 천안에서 태어났고 3.1운동에 참여하던 당시에는 서울의 이화학당에 다니고 있었지만, 사애리시 여사의 후원으로 영명학교에 다니다 이화학당으로 옮겨가는 등 영명학교와도 인연을 맺은 적이 있다. 또한 영명학교의 제1회 졸업생 황인식은 모교의 교사로서 독립운동에 참여하기도 하였다.

공주공립고등보통학교와 공주도립사범학교도 교육도시 공주의 이름을 알리는 데 한몫을 하였다. 공주고등보통학교는 학교를 유치하는 과정에서부터 큰 사회적 이슈가 되었다.

공주 영명고등학교 안에
만들어진 영명학교 역사관의
전시 모습. 학교 졸업생 명부
전시물에는 1908년 12월의 1회
졸업생 3명의 이름이 소개되어
있다. 1회 졸업생인 황인식은
후에 교사를 거쳐 교장을
역임하며 영명학교의 발전을
이끌었다.

1920년대 일제는 문화통치의 한 축으로 전국 각지에 고등보통학교(고보)를 설립하였는데, 이에 따라 1921년 충남 도내에 '고보'를 유치하기 위해 공주와 홍성이 경쟁적으로 맞서게 되었다. 회의에서 홍성이 1순위로 선발되었지만 충남도청이 거부하면서 결과적으로 공주가 고등보통학교 설립지로 선정되었다. 1922년 4월 22일 자로 공주고등보통학교의 설립을 인가받으면서 공주는 명문 교육의 요람으로 거듭났다.

공주고등보통학교가 충남의 중등교육을 대표하는 교육기관이었다면, 공주공립농업학교는 충남의 실업교육을 대표하는 교육기관이었다. 공주의 농업학교는 1910년 공산성 앞에서 농림학교로 시작했다가, 1911년 제1차 조선교육령 공포에 따라 공주공립농업학교로 바뀌었다. 그러나 1922년 공주고등보통학교와 공주도립사범학교가 공주에 설립되면서 지역별 교육시설 격차 감소를 위해 예산군으로 이전하면서 공주에는 농업학교가 없게 되었다. 그러다 1932년 충남도청 이전의 대가로 농업학교의 설치가 보상책 중 하나로 선정되면서, 1933년 3월 13일 인가를 받아 충남도청 옛 부지에 개교했다. 이후 농업 실습지 부족 등의 이유로 1938년 1월 오늘날의 신관동 전막으로 이전하게 되었다.

한편, 공주는 전국적인 사범교육의 장으로도 유명하였다. 1922년 공주고등보통학교와 함께 설립된 충남 유일의 사범교육기관인 공주도립사범학교가 바로 그것이었다. 그러다

──────── 1928년 5월 1일, 공주공립심상소학교 자리에서 공주공립고등여학교(현
공주여자고등학교)가 개교 및 입학식을 하였다. 위는 심상소학교 건물을 교사로 삼아
개교한 당시 모습이다. 아래는 학생들의 체력과 정신력을 키우기 위해 금강에서
수영을 배우는 모습이다. ⓒ충청남도역사문화연구원

1929년 사범학교제도가 일부 개정되어 관립사범학교가 출범하면서 도립사범학교들은 폐교되기에 이르렀다. 그 뒤 다시 사범학교의 명맥을 이은 것이 위 기사에 나온 공주관립여자사범학교다. 여자사범학교는 1938년에 설립, 그리고 1939년에 신축 교사를 개관하며 화려하게 그 출발을 알렸다. 공주는 평양과 치열한 경쟁을 거쳐 서울에 이어 한국에 두 번째로 여자사범학교를 설치하면서, 국내만이 아니라 일본에서도 학생들이 찾아오는 교육도시로서의 이미지를 굳혔다.


## 공주지방법원의 이전 문제

공주여자사범학교의 설립은 도청 이전에 따른 대가성이었던 것은 분명하지만 그 설립과정에서 공주지방법원의 이전 문제가 걸리는 등 복잡한 과정을 거쳤다.

1932년 충청남도 도청이 공주에서 대전으로 이전한 후 다음 관심사는 충청지역을 관장하는 지방법원이 공주를 떠나 언제 대전으로 이전하느냐였다. 아직 공주에 남아있던 다른 기관들도 마찬가지였지만 그중에 특히 법원은 도청과 업무 관련성이 많은 편이었으며, 법원을 찾는 이들의 교통편의 등을 고려할 때 이미 철도와 도로 교통에서 대전에 비해 열세인 공주에 머무르는 것이 불편하다는 의견이 많았다.

법원 이전에 관한 공주 유지들의 걱정이 정말로
기정사실화된 것은 1936년 9월 12일의 일이었다. 그날
신문에는 '공주지방법원이 이듬해 대전으로'라는 제목으로 짧은
단신이 소개되었다. '충남도청 법무국에서 다년간의 현안이던
공주지방법원의 대전 이전을 이듬해에 실현시키기 위해 예산으로
30만 원을 요구하였던 바 재무국의 사정에 통과되었음으로
다음 연도에는 이것의 이전이 실현되게 되었다'는 내용이었다.
소문으로만 돌던 지방법원의 대전 이전이 드디어 결정된
것이다. 이미 경부선, 호남선 철도와 도청을 대전에 빼앗긴
공주시민들로서는 법원 이전은 어떻게든 막고 싶은 일이었다. 9월
18일의 다음과 같은 기사는 공주시민들이 무엇을 원하는지 잘
이야기한다.

이전은 기정방침
공주법원 이전과 지사 태도
시씨대회市氏大會를 또 준비
【공주지국특전】기보=공주
지방법원 이전 반대에 관하여 공주 시민회에서는 진정위원을
파견하여 충남 지사에게 이전 반대의 진정을 하였던 바
동 지사는 지방법원의 이전은 이미 결정되었으며 그 대신
여자사범女子師範을 설치하게 하였으니 할 수 없다고 말하였다.
그러나 공주시민으로서는 여자사범은 그만두어도 지방법원만은

━━━━━━ 공주지방법원의 모습을 담은 사진그림엽서. 1895년 공주재판소로
출범한 공주지방재판소는 1910년 5월 충남도청 북측의 봉황산 자락에 사진 속
모습과 같이 당시 보기 드문 서양식 건축구조로 신축하였다. 1937년 대전으로 충청도
지역을 관할하는 지방법원이 옮겨간 뒤에는 공주지청 건물로 사용되었다. ⓒ공주대학교
공주학연구원

사수하여야 한다고 부르짖으며 있다. 이들은 오는 18일 오후
1시부터 당지 극장에서 시민대회를 열려고 목하 준비중이다.

공주시민들의 반대운동이 다양하게 펼쳐졌지만 이미
오래전에 도청 이전을 막을 수 없었듯 지방법원의 대전 이전도
막을 수 없었다. "공주는 교통이 불편한 관계로 도청과 따로
떨어져서 사무 연락상 불편한 관계 등으로 마침내 공주지방법원을
대전으로 이전하기로 결정하였다."는 충남도청과 총독부의 공식
입장은 확고했다. 법원 이전의 공식 입장을 전하던 신문 기사의
마지막 문장은 이미 예언적이었다.

"(지방법원의 이전으로) 인하여 공주는 일중 더 적막해지는 반면에
대전은 실로 비약적 번영을 보게 될 것이다."

이와 같은 상황 전개에서 눈여겨볼 것은 공주시민들의 이전
반대운동을 소개하는 기사에서 보이는 다음과 같은 내용들이다.
도청 이전의 반대급부로 제시되었던 '여자사범학교'에 대해
지방법원의 이전과 다시 그 사안을 연계시켰다는 것, 그리고
공주시민들이 '여자사범학교'보다 지방법원의 존재를 더욱
원하였다는 것이다.

## 도시 정체성, 도시 브랜드 만들기의 제안

지방법원 이전과 여자사범학교의 설립이 복잡하게 얽혀
전개되던 1937년 1월 10일, 〈조선일보〉에 '공주인의 금후 진로는
교육도시의 건설'이라는 기사가 실렸다. '내 지방 번영책'이라는
제목을 달고 있는 꼭지의 공주 편에 해당하는 기사였다. 이는
1930년대에 이미 도시 브랜드에 대한 초기적인 고민이 있었음을
보여주는 중요한 자료라고 할 수 있다.

> 공주는 멀리 백제시대의 왕도로서 또한 이조 인조의 이괄의 난
> 피난처인데 북으로 송림이 울창한 산성과 금강을 끼고 남은 삼면을
> 산으로 둘러싸인 곳으로 근대적 교통기관의 발달에 뒤떨어지고
> 특수산업을 갖지 못한 치명적 결함으로 인하여 몇 년 전 도청 이전
> 당시까지 겨우 충남의 행정중심지로서 그 면목을 근근이 유지하여
> 왔었을 뿐이었다. 그러나 시민의 맹렬한 반대에도 불구하고 도청
> 이전은 마침내 실현되고 말았다. 공주시민은 그들의 생명선으로
> 알았던 도청의 이전을 보게 되자 몰락의 비운 속에 헤매었다.
> 그런데 지난 가을에 또다시 공주 유일의 기관인 지방법원이
> 대전에 이전한다는 설로 공주의 시민은 도청 이전에 뒤지지
> 않는 낙망落望의 쓰라림을 또다시 맛보게 되었다. 그러나 그들의
> 취할 최선의 방도를 생각하고 공주의 갱생발전을 꾀하게
> 되었으니 그것은 교육도시로 만들자는 것이다. 그리하여 그들은

三
版

全南의 一年間貿易

# 七千萬圓을突破

◇—比前年約五百萬圓의激增

兩港만이六千萬圓

鐵道工夫滿乘한

汽車衝突

"한뜨카"와

—數名의死傷이잇슬터

林谷驛附近서

長崎縣警察部活動

八十密航者送還

八日釜山大邱兩丸으로

水上署에서取調中

榮州에만四九名

瘧疾의袪癒杳然

問題의斤量檢査制

條件附妥協成立

公州人의今後進路는

## 教育都市의建設

爲先女師設立에邁進

---

〈조선일보〉1937년 1월 10일 1면 모습. '공주인의 금후 진로는 교육도시의 건설' 기사가 실렸다.

여자사범학교 창설을 꾀하였다. 이점에 있어서 우리들은 전력을
다하여 실현을 목표로 맹운동을 하여야 할 것이다.

(…)

공주는 지리적 관계로 보아 근대적 분위기에서 뒤떨어졌다고 한다.
그러나 조용한 곳으로 수양의 지대인 만큼 교육의 지대로는 최적한
점으로 보아 지방발전과 문화의 향상으로 도시의 재건을 꾀하는
것이 최적한 일이라고 본다. 공주의 교육계 현상을 잠깐 살피건대
중등학교로서 공립고보, 공립농교, 공립고녀, 사립 영명실수학교
등이 있고, 초등학교로는 공립보교, 금성보교, 사립 영명보교 등
중등·초등을 합해 7-8교가 있다. 그러나 그 설비가 모두 부족하여
수용하는 학동 수는 이천 명을 넘지 못한다. 특히 고보의 확장,
농교 승격, 제이 보교의 신설, 여고 조선인 생도의 입학률 확장
등 교육도시 공주시민에게 부여된 과제가 심히 큰 바 있다. 그뿐
아니라 교육상 또는 지방 발전상, 역사상 많은 의의를 가진 고적의
보존, 특히 백제박물관의 창설, 요즘 문제가 있어 폐쇄된 도서관의
재공개 확장 등 이 또한 교육도시 공주의 면목을 갖춤에 불가결의
것이다. 지면 관계로 일일이 의의를 논하지 못하겠거니와 이번
봄에 여자사범 창설을 급속히 실현하는 동시에 전 공주의 시민은
분발하여 이상과 같은 문제의 해결에 최후까지 관철하며 그 결실을
보기 위하여 최선의 노력과 활동을 하여 교육도시 공주의 건설을
완성하기를 바란다.

       위는 현 공주교육대학교의 전신인 관립 공주여자사범학교의 모습을 담은
사진그림엽서다. 공주여자사범학교는 1938년 일락산 자락에 세워졌다. '사적史蹟의
공주'라는 시리즈 엽서 중 하나로 만들어졌다. ⓒ공주대학교 공주학연구원
아래는 현재 공주교육대학교의 모습. 관립 공주여자사범학교는 해방 이후
공주교육대학교로 바뀌어 '교육도시 공주'의 명맥을 이어나갔다.

이 기사를 누가 썼는지는 확인할 수 없지만, 지금 감각으로
보아도 도시 정체성, 도시 브랜드 만들기의 일단을 보여주고 있다.
시민들의 반대운동으로 교통의 편리성에 따른 행정기관의 이전을
막을 수는 없으며, 특별한 산업 발전의 이점이 없는 공주로서 문화
콘텐츠-교육과 역사-에 주목할 것을 주문하는 것이다. 이후 이
글의 제안에 따라 공주시민들의 공주지방법원 이전 반대운동이
사그라들고 여자사범학교를 중심으로 교육도시 공주의 이미지
구축에 나섰는지는 알 수 없다. 하지만 이후 과정은 이 글이
제안하고 있는 것처럼 흘러갔다.

백제박물관의 개설까지를 교육도시의 시야에 넣는 것 역시
혜안이었다. 공주는 역사도시로 자리매김하기 위해 노력했지만
백제의 고도로서 부여가 더 강조되고 거기에 많은 지원과 관심이
몰리면서 역사도시 공주는 그 자체로는 특별한 강점을 갖지
못하게 되었다. 공산성이 백제 왕성이나 충청감영의 첫 번째
발상지로서 주목받지 못하고 유락공원으로 개발된 것이 그
증거라 할 수 있다. 이후 공주는 해방에 이를 때까지, 그리고 해방
이후에도 한동안 교육도시로서 강한 정체성을 갖고 발전해왔다.
그것이 실제 공주의 발전에 얼마나 기여했는지 여부는 철저한
검증이 필요할 테지만, 교육과 역사를 내세운 '문화도시'라는
자부심은 근대적 개발에서 소외된 공주시민들에게 위안이 되었다.

여행으로, 또는 출장으로 공주를 찾은 이방인들은 각각 자신의 눈으로 본 공주에 대한 인상기를 남겼다. 그것이 단편적인 모습들일지라도 외부의 시선으로 본 공주는 또 일말의 진실을 전달해줄 것이다. 공주 사람들과 다르게 공주를 감각했을 외지인-이방인들의 기록을 통해 공주를 조망한다.

4장

바깥의 눈으로 본 공주

화륜선으로 온 사람, 공주를 만나다

순례자로 온 사람, 공주를 만나다

# 화륜선으로 온 사람, 공주를 만나다
## 미국 해군 무관 포크의 공주 방문기

## 여행자의 기록이 시대를 증언하다

역사에서 가장 알기 힘든 것은 당대 사람들이 매일 평범하게 보낸
일상의 시간들이라고 한다. 특별한 사건들은 기록으로 남거나
구전되기 쉽지만, 특별할 것 없는 삶의 많은 순간들은 따로
기록되지 않고 단편적인 이야기로 전해지는 것이 고작이다. 이런
공백을 메워주는 것이 여행자들의 기록이다. 낯선 곳에 당도한
여행자들은 평범한 일상의 모습에도 호기심과 의문을 갖고 대하기
때문이다. 그들은 그 호기심과 의문을 파고들어가 질문하고
해답을 구하고 이야기를 들으며 그것을 그림과 사진, 글 등의
기록으로 남긴다. 우리는 그들이 남긴 기록을 통해 우리가 본 적

──────── 포크가 촬영한 의주로의 모습. 의주로는 서울에서 의주를 연결해 중국에 이르는 길로 조선에서 가장 중요한 도로 중 하나였다. 인왕산 기슭에서 아산 방향을 바라보며 촬영한 것으로 길 가운데 서있는 것은 중국 사신을 맞아들이던 영은문이다.
ⓒ위스콘신-밀워키대학 도서관

없던 과거의 장면들과 만난다. 여행 기록이 역사 자료로서 중요한 가치를 지니는 것은 이 때문이다.

근대 초기 공주의 모습을 전하는 자료는 극히 드물다. 그런 점에서 처음으로 공주를 방문한 서양인으로 알려진 미국 공사관 해군 무관 조지 클레이턴 포크의 여행기록이 소중하다. 1884년 11월 1일부터 12월 14일까지, 당시 미국 공사관에서 근무했던 포크는 서울 이남의 한반도 남부를 여행하였다. 이듬해 초대 공사였던 푸트가 급작스레 해임되고 난 후 대리공사를 맡기도 했던 포크는 지금 표현으로 '지한파' '친한파' 외교관으로

보빙사의 모습. 포크는 한국에 부임하기 이전인 1883년, 조선에서 최초로
미국 등 서방 세계에 파견된 외교사절단인 민영익, 홍영식, 서광범, 변수, 유길준 등
보빙사 일행의 수행 업무를 맡으면서 한국과 인연을 맺게 되었다. 사진 속 인물은
왼쪽부터 미국 해군 메이슨 대위, 정사 민영익, 안내인 퍼시픽 로웰, 서기관 서광범,
부사 홍영식, 그리고 포크 등이다. ⓒ위스콘신-밀워키대학 도서관

당시로서는 드문 서양 지식인이었다.

그가 여행을 떠난
1884년 11~12월의 조선은 극히
혼란스러웠다. 쇄국과 개항,
임오군란 등을 거치며 정국의
혼란을 겪고 있던 조선은, 개혁과
보수 세력이 첨예하게 맞서면서 곧
들이닥칠 갑신정변을 예고하듯 언제
큰 충돌이 일어나도 이상하지 않은
상황이었다. 실제로 포크의 여행

조지 클레이턴
포크의 초상. ⓒ미국 해군역사센터

도중에 갑신정변이 일어났으며, 이로 인해 포크 본인도 갑자기
위험을 맞게 되기도 했었다.

포크는 11월 1일 서울을 떠나 나흘째인 11월 4일 저녁에
공주에 들어섰으며, 2박 3일을 머물고 11월 6일 공주를 떠났다.
공주사람들에게 '화륜선으로 온 사람'으로 불렸던, 서양인으로서
최초로 공주를 방문한 포크가 남긴 기록에서 우리는 이제껏 본 적
없던 공주의 모습을 보게 될 것이다.

포크는 한국에 부임하기 이전인 1883년, 조선에서 최초로
미국을 방문하러 왔던 민영익, 홍영식, 서광범, 변수 등 보빙사
일행의 수행업무를 맡으면서 한국과 인연을 맺게 되었다. 이
3개월간의 방문 일정을 마치고 귀국할 때, 그간 한국 사절을
수행했던 포크에게 새로운 임무가 주어졌다. 보빙사 일행의

귀국길을 도와줄 수행원으로 임명돼 여정을 함께 하였으며, 한국 도착 후 1년 동안 주한미국공사관부 해군 무관으로 근무하게 되었던 것이다.

이처럼 포크가 한국 외교사절 수행 임무를 맡았던 것은 그 무렵 미국인 중에서는 드물게 한국을 비롯해 동아시아 지역의 문화와 언어 등에 깊은 이해와 지식이 있었기 때문이다. 포크는 1876년 해군사관학교를 졸업하고 해군 아시아 지역함대에 자원하여 약 7년간 중국과 일본 해역에서 복무한 바 있었다. 게다가 한미조약이 체결된 한 달 후인 1882년 6월에는 두 명의 해군 동료들과 함께 시베리아 탐사 여행을 하는 과정에서 부산과 원산에 잠시 정박한 경험도 있었다. 포크에게 한국은 낯선 나라가 아니었다. 게다가 포크는 아시아 함대 복무 시절부터 일본어와 중국어를 공부한 적이 있었다. 보빙사 일행을 수행할 때는 포크가 영어를 일본어로 통역하고, 한국에서 온 통역관이 일본어를 한국어로 통역하는 식의 이중 통역을 거쳐 대화를 나누었다.


남하, 한국의 실상을 몸에 새기는 여정

포크가 여행을 떠난 1884년 무렵엔 어떻게 서울에서 공주까지 이동했을까. '어떻게'는 이동수단과 이동경로 둘 다를 의미한다. 일단 포크는 가마로 움직였다. 포크는 가마꾼만 12명을

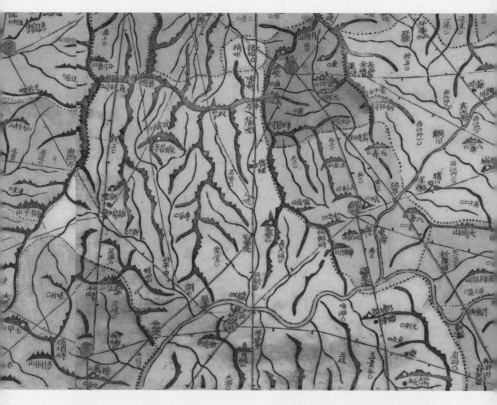

포크는 한국을 여행할 때 여러 지도를 적극적으로 활용했다. 전체 모습을 빠르게 파악하기 위해서는 〈해좌전도〉를, 지역의 구체적인 지리 정보를 확인하기 위해서는 〈여지도〉와 〈대동여지도〉를 이용하였다. 사진은 포크가 조선의 조정에 부탁해 구한 〈대동여지도〉 전체 모습과 공주 주변 모습이다.

ⓒ위스콘신-밀워키대학 도서관

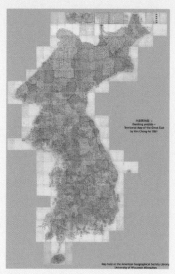

고용하였는데, 이들이 교대로 가마를 들게 하면서 하루에
80~90리씩 이동했다. 10리는 통상 4km로 환산했었으나 최근
들어서는 일률적으로 그렇게 적용할 수 없다며 주척을 기준으로
한 4.7km라는 주장과 〈대동여지도〉의 '보'를 기준으로 환산한
5.7km라는 주장이 있다. 대략 10리를 5km로 추정하면 하루에
40~45km 정도를 이동한 셈이다. 그는 이동 경로를 준비하고
확인하는 과정에서 〈대동여지도〉와 〈여지도〉를 활용했다. 특히
지역의 지리 정보가 상세하게 담긴 〈대동여지도〉를 적극적으로
활용하면서 그 우수성을 칭찬하기도 했다.

포크가 한양의 수표교 근처에 있던 자신의 집(포크는
공사관에서 근무하면서 한국인들의 삶을 더 자세히, 가까이에서 들여다보기
위해 공사관에 머무르지 않고 시내에 따로 집을 구해 생활했다)을 출발한
것은 11월 1일 오전 8시 58분이었다. 그는 당시 공주로 향하는
일반적인 경로인 삼남대로를 따라 남하했다. 첫날 밤의 일기에는
여정 도중 들었던 한국인들의 허풍과 유머가 생생하다.

> 서울 근교의 뚝섬을 건널 때 절이 하나 있었는데, 그 절의 화장실이
> 얼마나 깊던지, 용변을 본 후 이것들이 바닥까지 도달하려면 1년이
> 걸린다고 말할 정도이다. 첫날 나는 무척 피곤했고 잠을 매우 잘
> 잤다.

포크는 근대적 여행자였다. 그는 지나는 곳의 기압과 기온을

측정했고, 모든 여정의 기록할 만한 사항들은 분 단위로 정확히
구분해 남겨두었다. 둘째 날은 8시에 일어나 9시에 출발했으며,
9시 4분에 거대한 숲 가장자리의 돌다리에 도착하였다고
기록한다.

　무엇보다 포크의 여행 기록은 한국의 지형과 그 지형 위에서
벌어지고 있는 지리적 정보들에 충실했다. 땅이 어떻게 이용되고
있는지, 무엇을 경작하는지, 때로는 땅의 색을 보고 광물의 매장
여부를 짐작해보기도 했다. 또 산맥과 강의 흐름을 살피고 특히
강에서는 서양의 상선이 진입할 수 있는지 여부를 확인했다.
그리고 민중의 삶에 관심을 가졌다. 피상적인 관심이 아니라
구체적인 관심이었고, 이들이 직면한 곤란한 상황이 어디서
기인하는지 그 문제를 파악하고자 하였다. 둘째 날은 진위를
거쳐 소사에 머물렀다. 모두 평택의 지명이다. 포크는 여정 도중
쌀가마니를 메고 이동하는 평민들을 여러 번 만났는데 포크는 이
쌀의 행방을 둘러싼 국가적 부패에 대해서도 이미 충분한 정보를
가지고 있었다.

　각각의 읍내에는 '창倉'이라는 창고가 있다. 이곳에서 세금으로
　쌀을 받는다. 쌀 수확이 마무리되고 나서 사람들은 창에 저장하기
　위해 이를 읍내로 운반한다. 그중 일부는 전쟁이나 기근을
　대비해 보관하는 것인데, 이는 말하자면 국민이 정부에 빌려주는
　대출이라 할 수 있다. 전쟁이나 기근이 발생하지 않는다면 그곳에

포크가 한국의 남쪽을 여행하는 동안 찍은 사진들. 포크가 직접 찍은 사진들은 갑신정변 당시 포크의 서울 집이 습격당하면서 사라졌거나, 여행 도중 짐꾼의 부주의로 파손되어서 남은 것이 많지 않다. 사진은 각각 공주를 지나 금강의 강경포구에서 만난 논과 마을 풍경, 전주의 전라감영에서 감사를 중심으로 모인 관리들의 모습, 그리고 논산의 은진미륵을 찍은 것 등이다.

ⓒ위스콘신-밀워키대학 도서관

1년간 보관된 뒤, 식량이 가장 부족한 봄이 오면 백성들에게 다시 돌려줘야 한다.

지금 나라 안에는 정부에 빌려준 이 쌀에 대한 불만이 제기되고 있다. 백성들이 읍내의 창으로 쌀을 가져가면, 그곳의 관리들은 이 양을 계산하면서 가능한 한 가장 많은 양을 착복하려고 저울추를 높이 쌓아 눈금을 속인다. 봄이 되어 쌀을 돌려줄 때는 저울추를 덜어내고 자기들이 받았던 양이 그만큼이라고 우긴다. 이렇게 해서 쌀 전체 양의 1/3에서 절반쯤을 백성들로부터 갈취한다. 세금으로 쌀을 받을 때도 다시 같은 수법이 등장한다. 받을 때는 저울추를 쌓아 올리지만 읍내 관리가 이를 왕에게 보낼 때는 저울추가 다시 내려간다.


## 공주에 온 첫 번째 서양 오랑캐

3일째는 안성장을 둘러보고 천안까지 내려와 천안삼거리의 주막에서 머물렀다. 4일째(11월 4일), 흐리고 안개가 낀 가운데 아침 8시 17분에 출발했다. 연기군의 김제역을 지나고, 덕평, 원토 같은 마을들을 스쳤다. 오후 1시 3분에 광정역에 들어섰다. 지금의 정안이다. 예로부터 공주의 길목에 해당하는 곳이다. 오후 다섯 시쯤 본격적으로 공주로 들어섰다.

일제강점기, 지금의 금강교 아래 공산성 서쪽 암벽가에 있던 금강나루의 모습이다. 1915년 이후 이 부근에 나무다리와 배다리가 연이어 설치되었는데, 사진 속 모습은 나무다리 설치 이전에 나룻배를 이용해 강을 건너던 시기로 보여진다. 포크 일행을 비롯해 근대 초기에 이르기까지 공주를 방문하는 이들은 이처럼 나룻배로 금강을 건너 공주에 들어왔다. ⓒ공주대학교 공주학연구원

지난 번 휴식 이후 대체로 남쪽을 향해 내려왔다. 평야가 아름다운 풍경으로 넓어졌다. 개울이 우리 발걸음을 따라 남쪽으로 굽이쳐 흘렀다. 15피트 넓이에 1피트 깊이였다. 5시에 우리는 두 언덕 사이의 틈으로 진입했는데, 나의 앞쪽으로 공주산성을 볼 수 있었다. 그리고 틈새 중간에 녹색 섬처럼 보이는 언덕이 있었다.

매우 넓은 들판과 제방이 주목할 만하다. 언덕 가장자리에 이르기까지 촘촘히 경작이 이뤄지고 있으며, 주변에 목화밭까지 더해져 틈새로 보이는 풍경이 아름다웠다.

5시 39분 금강錦江에 도착했다. 강은 거의 북서쪽으로 흘렀다. 강바닥은 폭이 1/5마일(320m) 정도였다. 북쪽 면에 있는 물줄기는 450피트(135m) 정도의 너비를 가졌으며, 점토로 이뤄진 높은 둑이 있었고 강바닥에는 모래가 깔렸다. 뱃사공은 강이 세 사람의 키 높이만큼(대략 15피트: 4.5m) 깊다고 했다. 강은 물결치지 않고 매우 잔잔했다. 나루터 위쪽으로는 약 6톤가량의 돛배가 보였다. 강의 남쪽 제방은 고운 모래로 이뤄진 상당히 낮은 둑이어서, 매우 평평하였으며 절벽까지 이어져 있다. 물이 흐르는 속도는 기껏해야 2노트(시속 약 4km)가 넘지 않아 보였다. 우리는 커다랗고 편평한 배를 타고 물을 건넜다.

일꾼들이 누군가를 시켜 가져온 횃불로 배를 밝혔다. 그런 다음 우리는 산성의 북문을 향해 모래사장을 서서히 헤쳐 갔다. 북문 바깥에는 오두막이 몇 채 있었다. 이 무렵은 날이 너무 어두워서 아무것도 보이지 않았다. 북문 안쪽에 멈춰 서서 횃불을 구하려는 소동이 있었지만, 곧 출발했다. 우리는 왼편으로 가파른 돌길을 올라 정상에 도착했다. 성의 남문을 지나자 경사가 심하고 험한 내리막길을 내려가 좋은 길을 지나 왼편으로 가서 시내로 들어섰다.

서울에서 공주에 오려면 틀림없이 한 번은 금강을 건너야 한다. 지금은 다리로 편하게 건너지만 금강철교가 놓이는 1933년 이전까지는 나무다리나 배다리, 혹은 배로 건너야 했다. 포크는 배로 금강을 건넜다. 외부에서 온 손님을 맞이하기 위해 분주하게 횃불을 구하는 모습이 선하다. 당시에는 밤에 이동할 때의 편의를 위해 횃불만을 전담하는 유사라는 직책도 있었다.

포크 일행은 산성을 통과해 남문으로 내려와 공주 읍내로 들어왔으며, 거기서 양인이 도착했다는 소식을 듣고 몰려나온 사람들 무리와 만났다. 거기서 그는 자신을 부르는 이런 소리를 들었다.


여기 화륜선으로 온 사람이 있다!


대부분의 한국 사람들이 양인을 처음 보는 것이었지만, 화륜선 소식은 전국에 파다했다. 쇠로 만들고 불을 때서 움직이는 배. 낯설고 거친 외국 문명의 상징이 화륜선이었다. 양인은 오랑캐나 귀신으로 불렸다. 포크는 공주에 온 첫 번째 서양 오랑캐, 서양 귀신이었다.


## 물자 풍부한, 깨끗한 도시 공주

11월 5일, 공주에서의 둘째 날. 포크는 온종일 공주에 머물렀다.

공주는 한강 이남에서 번성한 도시 중의 하나였다. 포크는 수원과 송도(개성)에 이미 다녀온 적이 있는데 그곳들보다 규모는 작지만 더 정갈하고 화사한 멋이 있었다. 무엇보다 포크는 여러 번 공주를 묘사하면서 '깨끗하다'라는 말을 사용했다. 깨끗하게 비질 된 길, 깨끗하게 비질 된 마당, 청소가 잘 된 집들…, 그런 게 당시 한국에서는 귀한 덕목이었던 것일까.

포크가 지방 관리에게 들은 바에 따르면 당시 공주는(공산성 안은 제외하고) 3,700채의 집과 대략 22,000명의 사람이 사는 곳이었다. 이는 공주 시내만이 아니라 그 주변까지 포괄한 숫자로 보인다. 포크는 도시 탐사 보고서를 쓰듯 도시 모습을 충실히 기록했다. 마을은 계곡을 중심으로 펼쳐져 있었고, 쌀을 재배하는 골짜기는 북쪽에 있는 금강을 향해 열려 있었다. 읍내에는 두 개의 거리가 있었는데 길은 불규칙했지만 꽤나 깨끗하게 비질이 돼 있었다. 서울처럼 개방된 하수구는 없고 배수구 하나가 거칠게 덮여 있었다. 집들은 한국의 보통 집들과 비슷했지만 대부분 서울의 집보다 높았다. 내부도 서울의 집들보다 넓었다. 그리고 청소가 잘 되어 있었다. 전날 남문을 나서며 보았던 새로 지은 집들은 잘 다듬어진 목재로 만들었는데, 포크가 이제까지 한국에서 본 것 중 최고의 주택이었다. 서울보다 더 나은 장인의 솜씨처럼 보였다.

포크는 어디에 가나 가게/상점을 치밀하게 관찰했다. 한국의 경제적 상황을 진단하고 교역의 가능성을 살피려고 했기 때문일

근대도시 공주의 탄생

테다. 포크가 방문했을 때의 공주는 여전히 호서의 중심도시로서 물산이 풍부하고 왕래가 잦은 교역의 중심이었다.

수원이나 송도처럼 가게나 상점이 많이 보이지는 않았다. 하지만 내가 본 상점은 지금껏 본 중에서 제일 나았다. 여덟 군데는 무척 컸다. 전면이 20~25피트(6~7m) 길이로 상품들이 단정하게 정리되어서 정말 진열이 화려해 보였다. 이 가게들은 빗, 비단 장옷, 끈, 아마, 목화 그리고 겹겹이 쌓인 무명천 같은 물건 등을 팔았다. 그리고 영국 면직물이 각 상점에 있었다. 또한 옻칠을 하거나 채색을 입힌 장롱과 상자들, 종이 공예품들이 있었는데 그중 일부는 채색이 매우 화려했다. 한복을 만드는 데 필요한 자질구레한 것들까지 포함하여 전체적으로 상당히 다양한 품목들을 구비하고 있었다.

곡물 가게는 몇 군데에 불과했지만 비축품의 양은 많았다. 한 대형 상점에는 주물로 만든 무쇠 솥이 가득했으며, 숙소 부근의 종이모자 상자 공장에서는 대량으로 만들어진 종이제품이 진열되어 있었다. 정육점에는 판매하기 위해 내장을 걸어두었다. 매우 혐오스러운 장소였다. 주막은 여러 곳이었고 규모가 컸다. 두세 군데의 장소에서는 짚신과 조악한 물건들, 곡물들과 함께 말린 생선, 해초 등을 쌓아 놓고 팔기도 했다. 하지만 상점의 수는 많지 않았다. 이불 같은 상품 등 일부 중국 제품이 상점 안에 있는 것으로 보아 중국인들이 공주에 다녀갔던 것으로 추정된다.

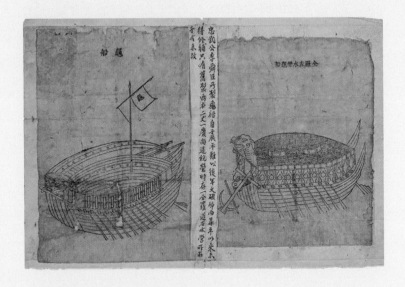

포크가 1884년 여행 도중 기록한 일지. 필적을 알아보기도 힘들고, 포크가 영어로 옮긴 한국어 이름들도 알아보기 어려워 (강경을 강평으로 적거나, 공주를 공주, 광주처럼 여러 발음으로 표현하는 경우가 많았다) 연구자료로 정리되는 데 오래 걸렸다. ⓒ버클리대학 반크로프트도서관

포크는 서양에 거북선의 존재를 처음 알린 것으로도 기억될 만하다. 포크는 해군 무관의 경험에서 거북선에 관심을 갖고 자료를 모았다. ⓒ뉴욕공공도서관

1884년 말의 공주의 경제적 상황에 대한 묘사로 더할
나위 없다. 근대 상업도시에 비해 품목이 다양한 건 아니지만
물자는 제법 풍족해 보인다. 당시의 일상생활을 영위해가는 데는
부족하지 않았을 것이다. 그리고 이미 영국제 상품과 중국제
상품이 이 내륙 도시에까지 진출해 있었다.

포크는 지역의 특산품에 대한 관찰도 빼놓지 않았다. 그것이
외교관의 일원으로서 상대국에 대한 정보 수집의 차원이었을지,
자기가 애정을 품게 된 나라에 대한 순전한 호기심 때문이었는지,
혹은 이미 개화파 지식인들(특히 서광범 등)과 친숙한 관계에서
한국의 실상을 충분히 파악하고 그에 따라 조언을 하기
위함이었는지 그 동기는 알 수 없다. 어쩌면 셋 모두 다 있던
것일지도 모른다.

> 공주의 주산물은 (불을 밝히는) 초 수지와 종이 제품이다. 서울
> 관리의 집에서 사용하는 초들은 모두 이곳에서 나온다. 내가 본 것
> 중 가장 눈에 띄는 종이 제품은 여자들의 바느질 도구 상자였다.
> 이 지역에서는 종이가 생산된다. 충청도와 전라도에서 생산되는
> 단감은 무척 크고 품질이 좋다. 서울에서 볼 수 있는 훌륭한
> 것들이다.

서울에서 통할 수 있는 것들이면 다른 나라에서도 통할 수
있지 않을까? 포크가 그런 상상을 해보았을 수도 있는 것 아닐까?

## 근대를 전하러 온 사람

무엇보다 포크는 공주에 '근대'를 전하러 온 사람이었다,
소문으로만 듣던 '양인'의 등장에 수많은 사람이 모여 포크를
지켜보았다. 포크는 충청감사를 비롯해 공산성 안에 주둔하고
있던 중군, 또 산성 내 영은사의 스님들과도 대화를 나누며 자신이
떠나온 세계에 대해, 그리고 한국이 이 새로운 세계와 만나는 것이
얼마나 이익이 될지를 이야기했다.

한국은 이제 막 근대, 혹은 근대서양문명, 근대과학기술과
근대적 사유에 눈을 뜨고 있었다. 서울의 관리와 백성들
사이에서는 '서구 문명'이 관심사 중 하나였다. 하지만 서울이
아닌 한국의 다른 지역에서 바라보면 서울도 문명이 발달한
지역이었다. 서울을 외국의 다른 도시들과 비교할 수도 있지만,
그 차이만큼 서울과 한국의 다른 지역의 차이도 컸다. 공주에서
포크는 "이곳 사람들은 편견이 심하고 미신을 믿으며 극단적으로
무지했다."라고 적고 있다. 그것은 공주에 국한된 이야기가
아니었다. 그가 그런 말을 할 정도로 공주를 관찰할 여유가 있던
것일 뿐이다. 편견과 미신과 무지는 한국 전체의 일이었다.

포크는 또 만약 서울에서 반란이 일어나더라도 한국
전체로는 크게 동요하지 않을 것으로 판단했다. 이곳의 그 누구도
서울에서 무슨 일이 벌어지는지 관심을 둔다거나 알고 있지
않았다. 혹은 오랜 세월 서울을 다녀오지도 않았다. 서울, 그리고

근대도시 공주의 탄생

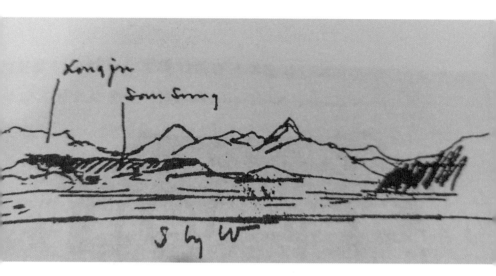

——————— 포크 일행이 공주로 진입하기 전 금강 나루터에서 맞은편의 공주 지형을
그린 모습. 공주(Kongju), 산성(San Song) 등으로 적어 놓았다.
ⓒ버클리대학 반크로프트도서관

서울에서 유지되고 있던 '조선'이라는 국가는 한민족이라는
종족에서 외따로 떨어져 나온 한 부분이었다.

　　포크가 인상 깊게 기억하는 것은 공산성 안에서 만난 한
군인이었다. 군인의 집에서 진수성찬으로 대접을 받은 후, 그는 그
중군과 대화를 나누었다.

　　　우리는 미국에 관해 긴 이야기를 나누었다. 이 강(금강)에서는
　　　증기선이 거의 쓸모가 없을 수도 있다는 것을 설명했다. 미국의
　　　지도를 그리고 각 지역의 산물을 설명했다. 그리고 석유 왕 조니의

──────── 포크는 공산성 안에서 한국인 군인을 만나 미국과 근대 서구문명에 관해
긴 얘기를 나누었다. 이때 찍은 중군의 사진으로 포크가 공주에서 찍은 사진으로는
유일하다. 여행 도중 포크가 촬영한 많은 사진들은 짐꾼의 부주의로 파손되어버렸다.
ⓒ위스콘신-밀워키대학 도서관

이야기를 하고 철도에 관한 대화를 나눴다. 이런 모든 것들에 대해
중군은 완전히 아무것도 몰랐다. 조선의 부와 관련된 그의 질문에
답하면서 나는 우호적인 무역 등을 할 때 그들이 얻을 수 있는
이익에 관해 잘 설명해주었다. 그는 강한 관심을 보였다. 아마도
그는 생애 최초로 이런 이야기를 듣는 것 같았다. 내 이야기가
그에게 유익했을 것이라고 믿는다. 나는 중군의 독사진을 찍었다.

그 중군이 들었던 이야기들-미국, 증기선, 석유, 철도, 무역-

그리고 사진 찍기까지 이 모든 것이 근대의 산물이었다. 포크는 "화륜선으로 온 사람"을 대표해 공주에 처음 와서 한 공주 사람과 오래 이야기를 나누었다. 그 만남이 이후의 역사에 아주 작게라도 영향을 미쳤을까.

그 중군과 포크의 만남은 그냥 한 번의 해프닝으로 끝났을 수도 있다. 어쩌면 그 중군이 근대화와 시대의 변화를 자각하고 적극적으로 변화를 이끈 주체가 되었을 수도 있다. 혹은 그 이후 공주와 한국을 휩쓴 여러 정치적 격변-동학과 의병, 삼일운동 등의 과정에서 희생되었을 수도 있다. 이 모든 상상이 포크의 방문에서 시작되었다.

공주에 왔던 첫 번째 서양인 포크는 공주를 찬찬히 관찰하고, 근대 초기 공주의 모습을 살필 실마리를 남겨주었다. 그리고 또 공주에 왔던 첫 번째 근대인인 포크는 또 하나의 상상된 공주 이야기의 씨앗을 심었다. 역사든 스토리든 포크와의 인연이 참 각별하다.

# 순례자로 온 사람, 공주를 만나다

독일인 신부 베버의 공주 방문기

## 목격자로서의 사명감

미국 공사관의 해군 무관이었던 포크가 한국의 실상을 파악하기
위해 떠난 여행 도중 공주에 들렀던 것이 1884년, 막 갑신정변이
일어나기 직전이었다. 그 후 한국은 격변의 연속이어서, 한국
땅에서 청나라와 일본이, 또 러시아와 일본이 전쟁을 치르며
한국에 대한 일본의 우위를 확실히 했다. 동학농민운동이
일본군과 조정의 군대에 의해 진압당하면서 새로운 시대를
향한 아래로부터의 개혁운동이 실패했다. 동학농민운동의 여파
속에 갑오개혁이 실시되고 그것이 한국의 근대를 향한 도전처럼
보였지만 이내 그 한계가 뚜렷해졌다. 일본인 낭인들이 벌인

시해사건으로 명성황후가 살해당하고, 고종은 아관파천 등 외세에 몸을 의탁하며 나라의 몰락을 가속화했다. 경부선과 경의선이 차례로 놓이면서 한국에 철도로 상징되는 근대문명이 깊숙이 들어왔다. 을사늑약, 정미7조약, 기유각서 등을 거치며 차례대로 외교와 군대, 사법 등의 권한을 잃었던 조선은 마침내 1910년 경술국치라 불리는 한일병탄조약을 통해 일본의 식민지가 되었다.

1911년, 독일 성 베네딕트회 소속의 노르베르트 베버 신부가 처음 한국을 여행한 것은 그렇게 어지럽고 암울한 시대를 배경으로 두고 있을 때였다(이후 베버 신부는 1925년에 다시 한국을 방문해 여행하였다. 베버 신부는 이 여정을 필름으로 기록하였으며, 이 필름은 그의 사후 수십 년이 지나 발견되어 《고요한 아침의 나라에서》라는 제목으로 공개되었다). 당시 베버 신부는 2월 21일 부산을 거쳐 입국해 서울을 중심으로 위로는 평양까지, 아래로는 대구까지 한국 곳곳을 여행하며 6월 24일 다시 부산을 통해 출국하였다. 4개월의 한국 체류 동안 베버 신부는 한편으로는 종교적 관심으로, 또 한편으로는 한국 문화에 관한 관심과 애정, 연민으로 여행 장소들을 찾고 그것을 기록했다. 베버 신부는 4월 22일부터 26일까지 공주에 머물며 천주교 성지로서 공주의 면모를 발견하고 그것에 큰 의미를 부여하였다.

베버 신부는 1870년 독일 남부 바이에른 지역의 상트 오틸리엔 근교 랑바이트에서 철도 노동자의 아들로 태어났다. 드릴링엔신학대학에서 신학을 공부하고 1895년 사제서품을 받고

신부가 되었으며, 1897년 선교목적으로 설립된 상트 오틸리엔
베네딕트 수도회에 추천되고 1902년에는 이 수도원의 원장으로
취임했다. 베네딕트 수도회의 선교사들이 처음으로 한국에 파견된
것은 1909년이며, 베버 신부는 수도원 총원장 자격으로 한국에서
이제 막 시작된 베네딕트 수도회의 선교사업 상황을 살펴보려고
1911년에 한국을 방문했다. 당시 베네딕트 수도회는 서울
혜화동에 성당과 기술학교, 신학학교 등을 세우고 한국 전역을
대상으로, 특히 한국 북부와 간도 지역을 중심으로 선교 활동을
벌이고 있던 도중이었다.

　　베버 신부는 약 4개월 동안 한국을 방문하고 독일로 귀국한
후 1915년에 《고요한 아침의 나라》라는 한국 여행기를 출간했다.
본래 그는 여행 중에 수집한 자료와 여행 일정을 기록한 일기
등을 자신의 개인적인 여행 기억으로만 간직하려고 했었다. 베버
신부가 생각을 바꿔 자신의 한국 여행 경험을 세상에 발표하기로
결심한 데는 '목격자'로서의 사명감이 있었다. 베버 신부는 자신을
"한 민족의 풍속이나 관습에 관심과 사랑을 갖고 그 민족의 문화
수준을 측정하려는 사람"이라고 여겼다.

　　베버 신부가 처음 한국을 여행한 1911년은 조선 말기와
식민지 초기의 급격한 정치적 변화만큼이나 사회문화적인 변화가
급속히 진행되고 있던 시기였다. 그는 여행 도중에 '근대문명'으로
표상되는 신문물이 들어오면서 오래된 성벽이 무너지고 성문이
철거되며 역사적인 도시의 형상이 변하는 것을 보았다. "모든 것이

─────── 1915년에 출간된 노르베르트 베버 신부의 한국 여행기 《Im Lande der Morgenstille》. 베버 신부는 한국의 왕릉이나 개인의 무덤에 배치된 석상을 인상 깊게 보았다. 오른쪽은 1923년 개정판으로 경복궁 경회루와 삿갓을 쓴 여행자를 내세웠다. 베버 신부의 여행기가 처음 출판되고 100년이 다 되어가던 2012년, 베버 신부가 속했던 베네딕트수도회와 관련이 깊은 분도출판사에서 《고요한 아침의 나라》라는 제목으로 한국어 번역본이 출간되었다.

들끓고 생성되고 있고, 사라지고 새로 형성되고" 있었다. 그는 자신의 여행이 한편으로 행운이라고 생각했다. 몰락을 목전에 둔, 문화사적으로 가치 있는 많은 것을 마지막 순간에 생생한 색깔로 붙잡을 수 있었기 때문이다. 베버 신부는 자신의 여행 경험을 책으로 남김으로써 빠른 속도로 사라지고 있는 한국 전통문화의 흥미롭고 가치 있는 잔재들을 세상에 남길 수 있다고 생각했다.

## 첫 번째 서양인 순례자

베버 신부에게 한국 여행은 대단한 모험이었다. 그는 서문에서 이렇게 밝히고 있다.

> 시작한 지 얼마 안 된 우리 수도회의 한국 선교 사업이 매우 염려되어 나는 1911년 초 멀리 바다 여행을 감행하지 않을 수 없었다. 극동으로 운항하던 아덴 호 뒤편으로 새로운 세계가 열리기 시작했다.

그 '새로운 세계'의 한 장소로 공주가 있다. 베버 신부의 한국 여정 중 공주와 황해도 해주의 청계동은 천주교 수용 과정에서 일어난 수난의 역사를 기억하는 성지로서 선택된 장소들이었다. 포크 무관이 공주에 온 첫 번째 서양인이었다면, 베버 신부는 공주에 온 첫 번째 서양인 순례자였다.

포크가 한국에 머무르던 당시는 경부선은 고사하고 아직 경인선(1899년 개통)도 놓이지 않았던 때다. 포크는 서울에서 공주로 올 때 가마를 이용했다. 말보다 느리고, 심지어 도보보다 느렸을 것이어서 서울에서 공주까지 나흘이 걸렸다(물론 공주로 바로 직행한 것이 아니라 코스 중간의 마을들을 둘러보는 여정이었다). 베버 신부가 처음 한국을 여행하던 당시에는 이미 경부선과 경의선이 놓인 때라 그는 부산으로 입국해서도 기차를 이용해 서울로 이동했었다. 베버 신부는 공주에 올 때도 경부선을 이용했다. 조치원까지 기차를 타고 왔고, 조치원에서 공주까지는 마차 대신 도보로 이동했다. 그는 신작로를 걸어 이동한 기록을 남기며 이 길에 얽힌 한국인들의 고통을 묘사한다. 똑같이 기차로 조치원에 와 다시 공주까지 차량으로 이동하며 조치원과 공주를 잇는 신작로에 감격한 친일 성향의 식민지 지식인이나 일본인 기자, 관료들의 글에서는 볼 수 없는 내용이다.

우리는 작은 대합실에서 서울발 남행열차를 기다렸다. 기차로 한 시간 쯤 가서 내린 데가 조치원이었다. 넓은 신작로가 남서쪽 공주 방면으로 나 있었다. 이 길에는 두고두고 잊지 못할 사연이 있다. 좁다고 해봐야, 애당초 짐꾼과 장사꾼이 공주 장터에 드나들기에는 넉넉한 산길이었다. 일본 사람들은 그 길에 신작로를 냈다. 있는 길을 확장하거나 아예 새 길을 내느라 인접한 한국 논들이 마구잡이로 잘려 나갔다. 한국인들이 부역에 동원되었다. 토지 보상금은 없고 일당 몇 전으로 끝났다. 일본의 이런 막무가내 토지 몰수 조치는 인근 주민들의 공분을 샀다. 길이 제대로 닦일 리 없었다. 올바른 기초공사 없이 점토와 모래만 쌓아 올렸다. 여름 폭우는 매번 노면을 휩쓸고 굵은 물길을 냈다. 엄청난 빗물이 둑에 골을 파고 빠져나갈 구멍을 찾았다. 길가 목 좋은 자리는 이미 일본 사람들이 차지하고 점포를 열었다. 공주 시내에서도 기를 쓰고 도로변을 선점하려 했다.

1925년 다시 한국을
방문해 다큐멘터리 영화를 촬영하다
잠시 휴식 중인 베버 신부의 모습(왼쪽).
그는 "내가 그렇게도 빨리 사랑에
빠질 수밖에 없었던 나라"라며 한국을
회상했다. ©상트 오틸리엔 수도원

노르베르트 베버 신부(1870~1956)의 초상.
©상트 오틸리엔 수도원

베버 신부가 걸었던 이후에 그 신작로는 계속 보수와
확장공사를 거쳤다. 공주-조치원의 신작로에 감탄한 사람들은 좀
더 좋아진 길을 지났을 것이다. 하지만 베버 신부가 간파했던, 토지
수용을 제대로 보상받지 못하고 심지어 부역에 동원되기까지 했던
한국 민중들의 고통과 분노를 읽으려 한 사람은 없었다. 오가는
마차를 보면서도 베버 신부는 불편한 기운을 느낀다.

마차 한 대가 우리를 추월했다. 철로와 공주 시내를 비싼 값에
오가는 교통수단으로, 사업주는 물론 일본 사람이다.

식민지에서 돈이 되는 것은 일본인들의 몫이었다. 혹은
일본인이 아니더라도, 후의 청주-조치원-공주를 잇는 노선에
합승차량을 운행했던 '공주 갑부' 김갑순처럼 적극적으로
친일에 나선 이들이 돈벌이에서 앞서나갔다. 베버 신부는 이미
그것을 눈치 채고 있었다. 그도 식민주의와 그 근저에 있는
서양우월주의에서 완전히 벗어나지는 못했지만, 식민지 한국의
민중들에게 연민을 느끼고, 한국의 전통을 말살하고 식민지
민중에게 고통을 안기는 일본의 존재를 환영하지는 않았다.
공주에 들어와 공산성에 올랐을 때 그는 부러 이런 말을 남겼다.

읍내를 옆에 끼고 좁은 산길을 탔다. 산길은 퇴락한 성문을 통해
산성으로 이어졌다. 꼭대기에 성루가 보였고 그 바로 옆을 허물어져

가는 성벽이 지나갔다. (…) 성루가 위치한 지세로 미루어 한때는 중차대한 소임을 다하였을 것임이 분명한데, 지금은 수다스런 일본 사람들의 소풍 장소로나 쓰이고 있다. 이 암벽 요새에서 장수는 매의 눈으로 사방을 관측했을 것이다.

한국 사람들에게 소중한 장소였을 곳이 이제 '수다스런 일본 사람들의 소풍 장소'가 되었다. 목소리를 높이지 않아도, 당시 한국 민중들이 공주에 온 일본 사람들을 어떻게 여기고 있었는지 잘 느껴지는 대목이다.

## 한국인이 되고 싶다

베버 신부는 "내가 그렇게도 빨리 사랑에 빠질 수밖에 없었던 나라"라며 한국을 회상했다. 그는 한국의 풍경을 좋아했다. 그리고 한국의 풍경을 가만히 바라보며 즐길 줄 아는 한국 사람들을 좋아했다. 그는 한국인들이 '꿈꾸는 사람'이라고 생각했다.

한국인은 꿈꾸는 사람이다. 그들은 자연을 꿈꾸듯 응시하며 몇 시간이고 홀로 앉아 있을 수 있다. 산마루에 진달래꽃 불타는 봄이면, 그들은 지칠 줄 모르고 진달래꽃을 응시할 줄 안다. 잘 자란 어린 모가, 연둣빛 고운 비단 천을 펼친 듯 물 위로 고개를

베버 신부가 직접 찍은 아기를 업고 있는 소녀의 초상. 서울에서 촬영한 것으로 추정된다. ⓒ상트 오틸리엔 수도원

　　　　　　　베버 신부는 공주에 머무는 동안 장례를 치루는 광경을 만나자 그것을 촬영하고 자세히 기록으로 남겼다. 위는 장례를 위해 차일을 치고 사람들이 모여 있는 모습, 아래는 장례 행렬이 마을을 떠나 장지로 가는 모습이다. ⓒ상트 오틸리엔 수도원

살랑인다. 색이 나날이 짙어졌다. 한국인은 먼 산 엷은 푸른빛에
눈길을 멈추고 차마 딴 데로 돌리지 못한다. 그들이 길가에 핀
꽃을 주시하면 꽃과 하나가 된다. 한국인은 이 모든 것 앞에서 다만
고요할 뿐이다. 그들은 꽃을 꺾지 않는다. 차라리 내일 다시 자연에
들어 그 모든 것을 보고 또 볼지언정, 나뭇가지를 꺾어 어두운 방
안에 꽂아 두는 법이 없다. 그들이 마음 깊이 담아 집으로 가져오는
것은 자연에서 추상해낸 순수하고 청명한 색깔이다. 그들은 자연을
관찰하여 얻은 색상을 그대로 활용한다. 무늬를 그려 넣지 않고,
자연의 색감을 그대로 살린 옷을 아이들에게 입힌다. 하여, 이
소박한 색조의 민무늬 옷들은 더할 나위 없이 편안하고 원숙하고
예술적이다.


　　지금의 한국인과는 다른 20세기 초엽의 한국인의 성정이다.
풍경과 일체가 되는 한국인. 꽃을 꺾지 않는 한국인. 꺾어서 제
방에 들이지 않고 그것을 다시 보러 오는 사람들. 한국의 풍경은
한국인의 이러한 성정이 있어서 비로소 완성되었다.
　　베버 신부가 아름답다고 느낀 한국의 풍경 중에 공주의
모습도 담겨 있다. 지금 변해버린 모습으로는 잘 가늠이 되지 않는,
옛 사진에 남은 것으로도 짐작할 수 없는 1911년 당시의 공주
풍경이다. 베버 신부는 공산성에 올라 한쪽으로는 옛 공주 마을을,
한편으로는 들판과 강과 또 옛 성의 허물어진 모습을 보며 느꼈던
것을 성실히 적었는데, 이 구절은 공산성과 금강, 마을 등 공주의

풍경을 묘사한 글 중 으뜸이라고 할 만하다.

성벽을 따라 '길 없는 길'을 기어올랐다. 성벽에는 떨어진 돌들이
가파른 비탈에 구르고 있었다. 성벽 틈새로 먼 능선의 보랏빛
물결을 보았다. 지는 해의 그윽한 광채를 받아 석양의 깊은
그림자가 능선을 붉게 물들였다. 이 놀랍도록 신비스런 그림 속에
우리가 서있었다. 어두운 그늘과 무너진 성벽 사이로 비치는
눈부신 빛살, 보랏빛 바위에 낀 연록의 이끼, 뒹구는 돌 사이의 금빛
모래, 붉은 석양에 물든 초록 언덕, 반쯤 어둠이 내린 골짜기, 검은
지붕들 사이로 발그레하게 빛나는 하얀 벽, 소나무 사이로 빛나는
일광, 빛나는 언덕을 휘감고 굽이진 은빛 강물, 강변을 둘러싼
백사장, 이런 전경들이 눈앞에 펼쳐졌다. 뒤쪽 넓은 골짜기는
마을이었다. 산들이 푸른 지붕 위로 벌써 어둠의 장막을 드리웠다.
한국은 아름다움과 정취를 점점 더해 갔다. 나는 한국인이 되고
싶었다. 그래서 밤의 어둠이 이 경이로운 장관을 집어삼킬 때까지,
부서진 마름돌 위에 앉아 하염없이 이 풍광에 침잠하고 싶었다. 이
아름다운 언덕을 떠나려니 마음이 내키지 않았다. 아마 다시는 못
볼 것이다.

# 한국 천주교 역사의 산증인, 공주

베버 신부는 공주의 풍경에 마음을 빼앗겼지만, 본래 공주에
온 목적을 잊지는 않았다. 그는 순례자로서 공주에 왔다. 짧은
시간이지만 베버 신부가 본 공주는 "한국인이 되고 싶을 정도로"
아름다운 풍광을 가진 곳이자, 순교자 '영웅'들의 발자취가
서린 곳이었다. 베버 신부가 공주에서 천주교 성지로서 방문한
곳은 당시까지 남아있던 향옥(원형감옥; 환옥)과 황새바위 순교지
등이었다.

1791년경 처음 공주지역에 천주교가 전파(김명주, 홍철,
인철 부자 입교)되고, 1797년 충청도 지역의 신자를 대상으로
처음 정사박해가 일어나 100여 명 가량이 희생되었던 것으로
전한다. 1801년 신유박해 시기에는 '내포의 사도' 이존창
루도비꼬가 참수 처형되고, 16명의 순교자가 참수 처형되었다.
1839년 기해박해에는 김 베드로와 전 베드로가 처형되었다.
1866~1868년에 이르는 병인박해 시기에는 공주에서 302명이
순교하였고 박해는 1879년까지 계속되었다. 공주는 교회의
박해시기 때마다 그 중심에 있었다. 충청감영이 있던 공주에서
인근 지역의 수많은 신자가 수감, 재판, 처형되면서, 공주의 순교
역사는 100여 년 동안 지속되었다.

1846년 한국 최초의 사제인 김대건 신부가 새남터에서 참수
처형되자, 한국 교구를 맡고 있던 다블뤼 신부와 페리올 주교는

베버 신부가 공주에 머무는 동안 촬영한 공주의
모습. 베버 신부의 여행기에는 각각 '공주 공산성
들머리'와 '공주 공산성에서 바라본 강'이라는
설명이 붙어 있다. ©상트 오틸리엔 수도원

한국 교회의 암울한 상황에서 벗어나기를 기도하는 차원에서
공주 신풍면 수리치골에서 한국의 교회를 성모님께 봉헌했다.
1861년 천주교에서 전국을 8개 구역으로 나눌 때, 공주는
성모영보구역으로 지정되어 유구·신풍 둠벙이(유구 백교리
접경지역)에서 조안노 신부가, 사곡의 진밭(사곡면 신영리)에서
리텔 신부가 거주하면서 사목했다. 이처럼 충청도 내포지역과
공주 주변에서 선교활동이 활발하였기에 공주는 한국 천주교
역사상 최대의 순교자를 배출한 곳이자 한국 천주교의 미래를
상징하는 장소가 되었다.

베버 신부는 먼저 감옥을 찾았다. 근 100여 년에 걸쳐 수많은
충청지역의 신자들이 신앙을 이유로 갇혀 심문과 고문을 당한
장소다. 불쑥 찾아온 외국의 여행자에게 감옥은 쉽게 볼 수 있는
곳이 아니었다.

감옥은 낮고 검은 담으로 둘러싸여 있었고 판자로 만든 감옥의
문은 아주 작고 그을음으로 검게 되어 있었다. 들여보내 줄 것 같지
않았지만 그래도 가보기로 했다. 전날 내린 비로 꽤 물이 불어서
시내를 간신히 뛰어넘어 감옥 담 앞에 당도했다. 엑카르트 신부가
담판을 시작했다. 역시 안 된다는 것이다.

베버 신부 일행은 그대로 돌아갈 수 없다고 버텼다. 결국
문지기가 안으로 들어가 허락을 구해보기로 했다. 문지기를 따라

──────── 베버 신부가 방문했을 당시까지 남아있던 공주 감옥의 모습. 원형 담장 안에 일자형 감옥을 설치했다. 위는 촬영자 미상의 사진이고, 아래는 베버 신부가 직접 감옥 입구를 찍은 사진이다. 베버 신부는 사진에서 보이는 좁은 입구를 통해 들어가면서 로마의 지하무덤인 카타콤을 찾았던 때의 기억이 떠올랐다고 적고 있다.

ⓒ상트 오틸리엔 수도원

낮은 문으로 기어들어가니 따라오지 말고 밖에서 기다리라는
것이다. 그래도 아랑곳없이 따라 들어갔다.

들어가 보니 직경 30미터의 둥그스름한 뜰 복판에 허술한 바라크
한 채, 그리고 일본인 감시인이 거처하는 함석지붕의 작은집 외에
아무것도 없었다.

베버 신부는 감옥 자체는 대단한 볼거리가 아니었다고
적었지만, 순교자들의 고통과 믿음의 자취를 느끼기에는
충분했다.

죄인들은 캄캄한 옥사에서 가장 끔찍한 고문을 겪었다. 옥사
자체가 이미 듣도 보도 못한 고통이었다. 바람도 햇빛도 들지
않는 감옥은 온갖 더러운 오물로 범벅이 되어 있었다. 게다가
탐욕스럽고 포악무도한 옥리는 갖가지 형벌을 고안하여 죄인이나
그 식솔들에게 돈을 뜯어낼 구실을 만들었다.

이처럼 박해 시대의 순교자들은 공포스러운 감옥과 모진
판관 그리고 포악한 형리의 만행을 두루 겪어야 했다. 그럼에도
순교자들은 그 고난을 피하지 않고 하느님에 대한 무한한 신뢰와
영웅적 기상으로 넘겼다. 베버 신부는 바로 여기에 감명받았다.

## 애통함과 우정을 담아, 대한만세!

감옥에서 나오면서, 처형 직전 형장으로 끌려가기 위해
순교자들이 넘었을 문지방을 넘으면서 베버 신부는 "모종의
야릇한 느낌이 온몸을 휘감은" 특별한 경험을 했다고 적고 있다.
그것은 일찍이 로마의 카타콤, 초기 기독교 역사의 한 부분인 지하
무덤이자 교우촌이자 선교 공간이었던 그 어둡고 서늘한 통로를
방문했을 때 받았던 느낌이었다.

> 열망하는 목적에 이르기 위해 얼마나 많은 그리스도인이
> 만신창이가 된 몸으로 이 문턱을 넘었던가! 그들은 목에 큰칼을
> 씌워 걸음도 제대로 옮기지 못하였다.

기독교도들은 역사의 여러 순간에서 박해받는 자들이었다.
로마 제국에서 그러했고 극동의 한 작은 나라인 한국에서도
그러했다. 베버 신부는 로마의 순교자들과 한국의 순교자들이
상처받고 고통받은 장소에서 똑같은 기이한 경험을 했다.

베버 신부는 이어서 황새바위 순교지를 찾았다. 1911년
4월에 황새바위 순교지는 시내를 따라 몇 백 미터 더 내려간 좁은
평지에 나무들이 듬성한 숲속에 있었다. 누군가 그에게 충실히
순교 당시의 모습을 이야기해주었다. 베버 신부는 마치 자신이
직접 본 것처럼 그 기억을 옮겨 기록으로 남겼다.

─────── 베버 신부는 황새바위 순교지를 방문한 뒤 그것을 그림으로 남겼다. 책에
실린 그림에는 "참수당한 이들의 무덤에서 바라본 공주 형장"이라는 설명이 붙어 있다.

ⓒ상트 오틸리엔 수도원

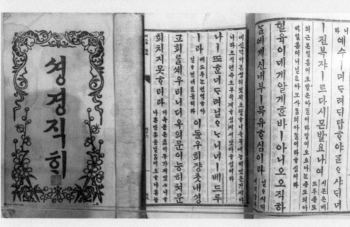

────── 황새바위성지 박물관의 전시 모습. 베버 신부가 영적인 여행의 장소로 찾았던 황새바위 순교지는 한국 천주교의 중요한 성지 중 하나가 되었다. 사진에 담긴 것들은 순교자 중 하나였던 이순이 루갈다의 옥중 편지와 수인들의 몸을 통제하는 도구 중 하나인 항쇄철사, 예수회 선교사 디아즈가 저술한 복음 묵상서를 1790년대에 최창현 요한이 한글로 번역, 보급한《성경직해》등이다.

순교자들의 피가 도적들의 피와 섞여 마른 모래를 적셨다. 냇물이
넘치면 피에 젖은 모래가 나무 밑까지 쏠려 왔다. 목 잘린 시신들이
묻히지도 못하고 뒹굴었다. 장마에 냇물이 불어나면 시신들은
물살에 떠밀려 모래톱에 파묻히거나 인근 백마강까지 떠내려갔다.
숱한 공주의 순교지인 황새바위에서는 지금까지 총 337명이
순교한 것으로 밝혀지고 있다. 시신이 가까운 언덕에 매장되어
무덤이 온 언덕을 뒤덮었다. 순교자들의 무덤과 범죄자의 무덤이 한
데 섞여 구별되지 않았다.

이미 수십 년 전의 일인데 공주와 충청의 천주교인들은
자신들의 믿음과 그에 따른 박해와 순교의 역사를 기억하고
있었다. 그리고 그 기억을 처음으로 이곳을 찾아온 서양
순례자에게 전해주었다.

황새바위 순교지를 묘사하는 대목에서 베버 신부는 그림을
직접 그려 넣었다. 또 황새바위 근처 무덤가에 핀 제비꽃이 '우리
알프스 제비꽃'과 비슷하다고 말하면서 로마 카타콤과 공주의
감옥을 연결해 느꼈던 것처럼 황새바위 순교지의 숲과 자신의
고향을 연결해 생각한다. 그는 "이 제비꽃을 집으로 가져가
여기 잠든 성인, 성녀와 죄 없는 아이들의 굳은 신앙을 기억하려
한다."고 적고 있다.

베버 신부가 공주에 머물던 그 짧은 시기에 공주만이
아니라 멀리서도 신자들이 찾아와 이 서양 사제를, 순례자로서

온 손님을 만나기를 원했다. 베버 신부는 빗줄기도 그들을 막지 못했다며 비를 뚫고 자신을 만나러 온 이들과 자리를 같이 했다. 만남의 상세한 기록은 남아있지 않지만 그렇게 찾아온 이들이 공주 감옥과 황새바위 순교지, 또 다른 순교지들에서의 일을 이야기해주었을 것이다. 베버 신부는 네 달의 여정 속에서 지난 세기 순교자들의 영웅적인 희생과 방문 당시 한국 민중이 처한 역사적 상황을 겹쳐 읽었다. 베버 신부가 한국 민중들을 연민과 공감의 시선으로 대했던 것은 그들이 순교자들의 후손, 바로 '영웅들'의 후손이라고 생각했던 때문인지도 모른다. 그래서 한국을 떠나는 베버 신부의 마음은 애통함으로 가득했다.

베버 신부는 배를 타고 부산을 떠나면서 몰락해가는 한국 민족의 운명을 생각했다. 그리고 자신의 안타깝고 연민에 가득 찬 마음을 이렇게 적었다. "마치 한 민족을 묘지로 끌고 가는 장례 행렬을 떠나서 집으로 돌아오는 기분"이라고.

그는 배 위에서 한국을 돌아보며 진심을 다해 이렇게 외쳤다. "대한만세Taihan mansä!" 한국에 처음 왔던 서양인 신부가 넉 달의 여행을 마치고 떠나며 마지막 남긴 말은 '대한만세'였다. 베버 신부는 순례자로 와서 한국 민중의 친구가 되어 돌아갔다. '대한만세'는 그 친구가 남긴, 기억해둘 만한 우정의 말이었다.

공주는 한편으로 '싸우는' 도시, '저항'의 도시였다. 일제강점기 전반의 항일운동을 대표하는 유관순은 공주와의 인연을 바탕으로 식민지 한국의 저항을 상징하는 인물이 되었다. 공주는 3.1운동의 중요한 장소 중 하나였으며, 1920년대 이후에도 지속적으로 농민운동, 노동운동, 청년운동, 학생운동, 사회주의운동 등 다양한 방식으로 일제에 저항하였다.

5장

저항하는
도시

17세 소녀 혹은 한 독립운동가의 죽음

세상 만방에 대한의 독립을 알리다

갈등과 위기의 식민지 현실

# 17세 소녀 혹은 한 독립운동가의 죽음

## 유관순과 공주

### 백합 서른 송이의 참회

일본 전 총리로서, 한 사람의 일본인으로서 이 자리를 찾았다.
고문으로 목숨까지 빼앗는, 해서는 안 되는 일을 했다.
마음으로부터 사죄드리며 굉장히 무거운 마음으로 이 자리에 있다.

2015년 8월 12일, 서울 서대문형무소 역사관을 방문한
하토야마 유키오 전 일본 총리가 일본이 행한 식민 통치의 악행을
사죄하고 참회하며 한 말이다. 일본의 전직 총리로서 무릎까지
꿇어가며 한 말이었다. 서대문형무소에 수감된 상태에서 직접적인
고문으로, 또 고문의 후유증으로 죽은 순국선열은 모두 165명.

그 165명의 이름이 새겨진 추모비 앞에서 남긴 진중한 사과의
말이었다.

특히 하토야마 전 총리는 안내에 따라 역사관을 관람하던 중
유관순 열사 등이 수감됐던 '여자옥사 8호방' 앞에서 오래 머물며
백합 서른 송이를 헌화하기도 했다. 하토야마 전 총리는 '8호방'
앞에서도 역사의 무게를 떠올리는 진중한 발언을 하였다.

유관순 열사를 비롯해 많은 분이 형무소에 들어온 이후에도 만세를
외쳤다는 이야기를 들었다. 그분들에게 진심으로 경의를 표한다.
뜨거운 열의가 떠올라서 저절로 고개가 숙여진다.

3.1운동은 한국 민중이 일제의 지배에 항거하여 벌인 한민족
최대 규모의 비폭력 독립운동이다. 1919년 3월 1일 '한일 병합
조약의 무효'와 '한국의 독립'을 선언하며 비폭력 만세 운동이
시작되었으며, 전국적으로 약 8주 동안에 걸쳐 당시 한국의
2천만여 인구 중 약 2백만 명이 1천5백여 곳에서 만세운동에
참여한 것으로 추정하고 있다. 3.1운동의 과정에서 7천5백 명
이상의 참가자가 목숨을 잃었고, 5만 명 가까운 인원이 투옥되어
고통을 겪었다. 한마디로 한민족 최대 규모의 참여와 희생이
동반된 거족적인 독립운동이었던 것이다.

3.1운동은 한국의 독립운동사에서 획기적인 사건이었다.
3.1운동을 계기로 중국에 대한민국 임시정부가 수립되었으며,

서울 구 서대문형무소 전경. 사진 오른쪽 가운데
형무소 담장 옆에 따로 서있는 것이 '여자옥사' 건물이다. 여기
8호방에 수감된 유관순 등의 주도로 1920년 3월 1일 3.1운동 1주년
옥중만세투쟁이 펼쳐졌었다. ⓒ문화재청

이후 독립운동을 활발하게 전개할 수 있는 발판을 마련하였다.
또한 일제는 한민족의 저력을 확인한 이후 강압적인 무단통치를
유화책의 하나인 문화통치로 전환할 수밖에 없었다. 이뿐 아니라
3.1운동은 국제적으로도 중국의 '5.4운동' 등 세계 반제국주의
운동에 영향을 미친 사건으로 평가받고 있다.

## 뒤늦은 부고 기사

유관순은 3.1운동을 대표하는 인물 중의 하나로 3.1운동으로
투옥되었던 5만여 명 중의 한 명이자, 이후 서대문형무소에
수감되어 고문 등으로 목숨을 잃은 165명 순국열사 중의 한
명이다.
   2018년 3월 28일 미국의 〈뉴욕타임스〉는 "더는 간과하지
않겠습니다: 유관순, 일제 통치에 저항한 한국 독립운동가"라는
제목으로 뒤늦은 부고 기사를 실었다. 1851년 창간 이래
〈뉴욕타임스〉의 부고 기사가 주로 백인 남성들에 맞춰져
있었다며, 그동안 주목받지 못했던 여성들의 이야기를 다루는
연속 기획의 하나로 유관순을 소개한 것이다.
   기사는 1919년 3월 1일, 서울에서 열린 첫 번째 만세운동에
참여한 것을 시작으로 이후 총독부가 모든 학교에 휴교령을
내리자 '독립선언문' 사본을 구해 고향 천안에 내려가 주민들에게

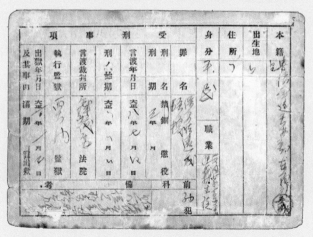

서대문형무소에 수감되었던 당시의 유관순을 기록한
수형기록카드. 죄명은 보안법 위반과 소요를 일으킨 것이었다.
직업란에 정동여자고등보통학교 학생으로 잘못 기록되어 있는 것
때문에 '유관순 조작설'의 소동이 벌어지기도 했다. 당시 정동에 있던
여자고등보통학교는 이화학당밖에 없었다. ⓒ국사편찬위원회

3.1운동을 전파한 일, 4월 1일 천안 아우내장터에서 열린 시위를 조직하는 데 함께했던 일, (공주 감옥을 거쳐) 서울 서대문형무소에 수감된 뒤 수감자들의 석방을 요구하며 대한민국 독립을 촉구한다는 자신의 변치 않는 입장을 계속 표명했던 일, 다른 재소자들과 함께 3.1 운동 1주년을 기념하기 위한 대규모 시위를 준비했던 일, 그리고 지하 독방으로 이송된 후 독립에 대한 자신의 의견을 공개적으로 표명했다는 이유로 반복적으로 구타 및 고문을 당했던 일, 마침내 1920년 9월 28일 17세 나이에 고문에 따른 부상으로 사망하기까지의 과정을 충실히 알리고 있다.

유관순이 다니던 서울 이화학당은 현재 이화여고와 이화여대 등으로 바뀌었는데, 그중 이화여고에는 유관순의 동상과 그 이름을 딴 건물이 있다. 또 그녀가 태어나고 자란, 그리고 아우내장터 시위를 조직하고 적극 참여했던 천안에는 유관순열사 생가와 유관순열사 기념관이 있다. 천안과 서울 모두 유관순과의 인연이 분명한 곳들이다.

공주에도 유관순과의 인연을 전하는 여러 장소와 기념물들이 있다. 그중 가장 먼저 만나는 것은 충남역사박물관과 영명학교 앞쪽의 3.1중앙공원에 진취적인 모습으로 만들어진 유관순열사상이다. 한복 저고리와 치마 차림에 왼손에는 책을, 오른손으로는 태극기를 접어들고 있는 모습인데, 보는 각도에 따라 금방이라도 세상을 향해 달려나갈 것 같은 모습이다.

## 공주와 유관순의 인연

1914년부터 1916년까지 유관순은 고향인 천안을 떠나 공주 영명여학교 보통과에서 공부하였다. 앨리스 샤프, 우리말 이름 사애리시 선교사는 천안의 지령리교회(현 매봉교회)를 심방하는 자리에 동행하면서 만난 13세 소녀 유관순의 두터운 신앙심을 보고 이렇게 제안하였다. "관순 양이 공부하기를 원하면 내가 서울의 이화학당에 보내줄 테니 우선 영명학교에서 학교교육을 받아보는 것이 어때요?"

가족의 경제적 형편이 어려워지면서 학교를 다닐 수 없는 형편이었던 유관순은 그 제안을 받아들여 다음 날 사애리시 선교사를 따라 공주에 왔다. 유관순은 사애리시 선교사의 집에서 함께 살면서 학교를 다녔으며, 주일에는 공주제일교회에서 예배를 보고 방학에는 공주를 비롯해 충청도 각지에서 선교활동을 하였다.

당시 영명학교는 충청지역 최초의 기독교 학교로서 '신교육'의 상징과도 같았다. 유관순은 영명학교에서 서양식 근대교육과 기독교적 세계관을 배웠다. 유관순이 감옥에서 남긴 "내 손톱이 빠져나가고, 내 귀와 코가 잘리고, 내 손과 다리가 으깨져도 그 고통은 이길 수 있사오나 나라를 잃어버린 그 고통만은 견딜 수가 없습니다."라는 말이나 "내 나라에 내 목숨을 바치는 것밖에 할 수 있는 일이 없는 것이 이 소녀의 유일한

영명학교 안에 세워진 유관순과 사애리시 선교사 동상. 사애리시
선교사는 유관순이 영명학교와 이화학당에서 공부할 수 있도록 후원하였다.

회한입니다."와 같은 말에서 드러나는 민족적 자존감과 불의에 대한 저항의 마음은 공주의 영명학교에서 시작했다고 할 수 있다.

유관순과 공주와의 인연은 그뿐만이 아니다. 공주제일교회 부설의 공주기독교박물관 전시물에 따르면 유관순은 3.1운동으로 전국의 학교가 휴교에 들어가자 고향 천안과 모교가 있던 공주에 내려와 공주제일교회 내의 영명학교에서 태극기를 인쇄하였으며, 천안, 연기, 청주, 진천 등지의 학교와 교회 등을 방문하여 만세운동을 협의하였고, 4월 1일 아우내장터에서 3천여 군중에게 태극기를 나누어주며 시위를 주도하다가 일본 헌병대에 체포되었다.

유관순의 1심 재판이 열린 곳도 공주였다. 당시 공주지방법원은 충청지역 전체를 관할하고 있었다. 그녀는 1심 재판에서 다음과 같이 소리 높여 주장하였다.

제 나라 독립을 위해 만세를 부르는 것이 왜 죄가 되느냐? 죄가 있다면 불법으로 남의 나라를 빼앗은 일본에 있는 것이 아니냐? 입이 있어도 말할 수 없으며, 귀가 있어도 들을 수 없으며, 눈이 있어도 볼 수 없는 이 지옥 같은 식민지 지배에 죄가 있는 것이 아니냐? 자유는 하늘이 내려준 것이며 누구도 이것을 빼앗을 수 없다. 무슨 권리로 신성한 인간의 권리를 빼앗으려 하느냐? 나는 죄인이 아니다. 나는 도둑을 몰아내려 했을 뿐이다. 당신들이 남의 나라를 빼앗았는데 도둑이 아니고 무엇이란 말이냐.

2심 재판을 위해 서울로 옮겨가기 전까지 처음 수감되었던 곳도 역시 공주였다. 3.1운동 직후 공주감옥 여감에는 여성 10명이 수감되어 있었다. 당시 공주에서 3.1운동에 참여한 김현경·박루이사·이활란, 아산 백암동 3.1운동을 주도한 교사 한연순과 김복희, 아우내 3.1운동을 주도한 유관순과 신씨 할머니, 그리고 천안과 직산의 3.1운동을 주도한 황금순·민옥금·한이순 등이다. 신씨 할머니는 유관순 때문에 수감되었다며 유관순을 저주하고 악담을 퍼붓기도 했다.

4월 10일경에 공주감옥에 수감되었던 유관순은 1919년 5월 9일 공주지방재판소에서 소요죄 및 보안법위반죄로 징역 5년을 선고받고 항소하여, 같은 해 6월 1일에서 6월 10일 사이에 서대문감옥으로 이감을 가서 6월 30일 경성복심재판소에서 징역 3년을 선고받았다. 1920년 3월 1일 서대문감옥에서 옥중 만세시위를 주도하였으며 같은 해 9월 28일 오전 8시 20분 순국하였다.

공주에서 유관순과 함께 수감되었던 김현경은 약 5개월간 공주감옥에서 옥고를 치르고 나온 뒤 시간이 좀 지나고 나서 서대문감옥으로 면회를 갔던 일을 기록으로 남겼다. 당시 면회를 통해 만난 유관순에 대해 "만져 보니 살이 썩어서 피가 묻어요. 너무 불쌍해서 세브란스병원에 입원시키거나 가출옥시켜 달라고 간청했으나 거절당했어요. 죽게 되면 기별해 달라고 부탁하고 돌아왔지요."라고 증언하였다. 김현경은 유관순이 옥중에서

─────── 3.1중앙공원의 유관순열사상. 좌우에 태극문양의 곡선으로 흐르고 있는 벽에는 태극기를 들고 만세시위를 재현하는 군중의 모습이 조각되어 있다.

순국하자 이화학당 월터 교장과 함께 서대문감옥으로 찾아가
유관순의 시신을 거두었다.


## 더 많이 기억되어야 한다

유관순은 공주 영명여학교에서 '신교육' '근대교육'을 받으며
민족적 자각을 깨우쳤을 것이다. 3.1운동이 시작된 이후 서울에서
내려와 비폭력 운동의 유일한 '무기'였던 '태극기'를 인쇄한 곳도
공주였고, 1심 재판 과정에서 일본 제국주의의 식민통치기구인
사법 시스템에 맞서 당당하게 목소리를 높이며 민족의식을 한층
더 단련시킨 곳도 공주였다.

　　3.1중앙공원의 유관순열사상, 그리고 영명학교 안과 학교 뒤
영명동산에 세워진 유관순 동상들과 안내문, 그리고 공주제일교회
역사관에 만들어진 유관순 초상 조각과 안내문 등은 바로 그
공주와 유관순의 깊은 인연을 전해주는 증거들이다.

　　앞서 보았던 〈뉴욕타임스〉 기사는 유관순이 가지게 된
상징성을 읽어내며 그것을 짧지만 인상적인 문장으로 정리하고
있다. 그동안 백인 남성 지식인들만 등장하던 부고란에 유관순이
하나의 자리, 목소리의 장소를 얻은 것은 그녀가 아시아의 여성-
학생 독립운동가로 당당히 인정받았던 때문이다.

1919년 봄 한국 독립을 지지하는 평화 시위 동참에 대해 부름을
받았을 때 유관순이라는 이름의 한 16세 여학생은 자유를 염원하는
민족의 집단적 갈망을 상징하는 얼굴이 되었다.

유관순의 희생이 인정받고 그녀의 이름이 자유와 독립의
상징이 되는 데는 약간의 시간이 필요했다. 그것은 유관순을
기억하는 많은 사람들이 그 기억을 함께 나누어주었기 때문에
가능했다. 이제 유관순을 직접 기억하는 이들은 아무도 남아있지
않다. 우리가 유관순의 기억을 계속해서 후대에 '역사'라는 기억의
한 형태로 전해줄 수밖에 없다. 유관순과 공주의 인연, 유관순이
공주에서 보낸 시간들은 그녀의 짧은 인생에서도 또 짧은 순간에
속하지만 그것은 충분히 더 많이 기억되어야 할 것이다.

# 세상 만방에 대한의 독립을 알리다

## 공주의 3.1운동

### 1919년의 공주, 싸움의 기억

1901년부터 1909년까지 미국의 26대 대통령을 맡았던 시어도어 루스벨트는 당시의 많은 서양인들처럼 '한국'과 '한국 민중'을 존중하지 않았다. 그는 한국 민중을 "노예근성에 젖어 자신을 위해 주먹 한 번 쓸 줄 모르는 비참한 백성"이라고 표현했다. 또한 "한국이란 극동의 모든 나라에서, 아니 이 세상에서 가장 부패하고 무능한 정부의 나라이며, 한국 민족은 가장 문명이 뒤진 미개한 인종이다. 한국인은 자치에 전적으로 적합하지 않다. 반면 일본은 입헌정치의 나라이며 일본 민중은 지성과 활력, 활기에 넘치는 문명 국민이다."라고 하면서 일본의 식민 지배를 적극적으로

Demonstration for independence in the Park. The Koreans are seen shouting "Mansei" with their hands up in the air. Not a single man is armed.

3.1운동 당시의 모습을 기록한 사진들. 위의 사진에 붙은 설명은 '만세(Mansei)'를 외치는 사람들을 묘사하면서 아무도 무장하지 않았다는 걸 강조하고 있다. 아래 사진은 파고다공원 앞에 바리케이트를 치고 경비에 나선 무장한 일본 경찰의 모습이다.

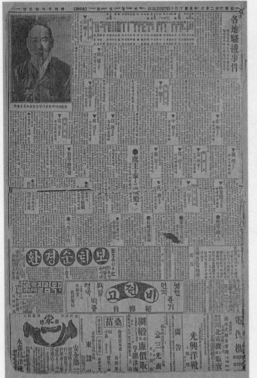

———— 왼쪽은 국내 언론에 처음으로 3.1운동의 소식이 등장한 것으로, 1919년 3월 7일자 〈매일신보〉 3면이다. '각지 소요 사건-경성을 비롯해 각 지방 소동'의 제목으로 경성과 개성, 그리고 평안도와 황해도, 함경도 등지에서의 소요 소식을 전하고 있다. 독립선언서에 가장 먼저 이름을 올린 천도교주 손병희의 사진까지 실었다. 오른쪽은 〈매일신보〉 3월 17일 3면으로 공주 유구에서 벌어진 만세시위가 처음 전국적으로 보도되었다. '소요 사건의 후속 보도'라는 제목으로 각지의 소요를 소개하고 있는데, 공주 소식이 가장 먼저 등장하였다.

독립선언문

————— 영명학교에서 공주도서관 방향으로 내려오는 길에 조성된 '영명학교 벽화길'의 모습. 3.1운동의 상징과 같은 유관순과 당시 시위에 나섰던 학생과 시민들의 모습을 벽화로 남기고, 독립선언문을 타일과 철제 글자의 조합으로 재현하였다.

추인하는 발언을 했다.

　3.1운동은 이렇게 시어도어 루스벨트처럼 생각하던
서양인들, 일본인들 그리고 한국인 중 일부의 사람들에게 한국
민중이 자신들이 원하는 것-대한독립!-을 위해 당당히 일어나
맞설 줄 아는 사람들임을 보여주었다. 3.1운동은 일제강점기
최대의 민족저항운동으로 당시 한반도 전역에서 만세시위가
벌어졌었다. 무엇보다 3.1운동은 '한국 독립'이라는 꿈이 전
민족적으로 합의되는, 각성과 같은 효과를 낳았다. 일제가 한국을
침탈하는 과정마다 계속 저항이 있었지만 무엇도 3.1운동의
규모에 미치지는 못했다.

　공주에서도 3.1운동이 활발하게 전개되었다. 3.1운동 당시
공주에는 도청 외에도 충청남도 경무부(경찰)와 헌병대, 충남북을
관할지로 하는 공주지방법원, 그리고 공주형무소가 있었다.
그만큼 일제의 감시와 사회적 통제가 충청도의 다른 어디보다
강력했지만 공주사람들은 전국 어느 곳과 마찬가지로 일제에 맞서
과감하고 폭넓게 만세시위를 전개하였다.

　공주에서는 3월 중순부터 4월 초순까지 모두 16차례에
걸쳐 만세시위가 벌어졌다. 가장 먼저 3월 14일에 신상면 유구리
시장에서 천도교인인 황병주를 중심으로 공주 최초의 만세시위가
일어났으며, 이후 3월 15일 공주면 읍내, 3월 17일 공주면 읍내
시장, 4월 1일 정안면 광정리, 정안면 석송리, 공주면 읍내 시장,
의당면, 장기면, 신상면 유구리, 4월 2일 우성면 도천리·쌍신리,

정안면, 의당면, 계룡면 경천시장, 4월 3일 탄천면, 정안면 등에서 시위가 있었다. 조선군사령부의 〈조선 소요사건 일람표〉라는 보고에 따르면, 공주 관내의 만세시위로 1명이 죽고, 13명이 부상했으며, 총 86명이 검거되었다고 한다.

공주지역에서 일어난 16차례의 시위 중 7차례가 횃불시위였다. 횃불시위는 밤에 마을 산에 올라가 곳곳에 횃불을 피우고 만세를 부르는 평화적인 시위였다. 반면 3월 14일의 유구리 시장 시위와 4월 1일의 정안면 만세운동은 경찰관 주재소를 파괴하고 일제 경찰과 육박전까지 벌임으로써 일제의 폭압과 착취에 항거하는 모습을 보여주었다.


## 반감이 쌓이다

공주에서 적극적으로 3.1운동이 전개된 데에는 일본인들이 지역에 정착한 이래 쌓여온 갈등과 이에 따른 항일 의식이 작용한 측면이 있다. 실제로 공주에서는 1900년대부터 한국인과 일본인 사이에 크고 작은 충돌이 벌어졌는데, 그 과정에서 일본 영사관이 조직적으로 개입해 일본인들에게만 유리한 조치를 취함으로써 분노를 산 일이 많았다.

일례로 1904년 12월에 공주 주둔 진위대원과 일본상인 사이의 다툼이 발생한 적이 있는데, 당시 대한제국 정부 당국자는 이에 대해 다음과 같이 설명한 바 있다.

> 본월 8일에 보고한 바와 같이 공주 주둔 군대 병정들이 일본
> 상인들과 함께 서로 다투어 싸운 일이 있었다. 그런데 그때
> 일본수비대의 병사들이 나와서 우리 쪽 중대장과 소대장을 잡아간
> 일이 있다. 이는 실로 국체國體를 훼손하는 사건이다. 충청도
> 관찰사 심건택은 "우리가 비록 군대를 부릴 권한이 없는 것이나
> 마찬가지이지만 어찌하여 이 지경에 이르게 되었는가!"라며 탄식할
> 정도였다. 보고에 따르면 본년 9월 30일에 군산항에 있는 일본
> 영사가 유람 차 공주에 들렀는데, 공교롭게도 그날 밤에 공주부
> 주둔 하사 오덕인이 술에 취해 부대로 돌아오다가 일본 상인 간
> 다츠타로의 집 앞에 이르러 (…) 그때 간은 일본영사의 거처에
> 인사를 한다고 나가서 집을 비웠고, 그 처가 술에 취한 오덕인과
> 서로 다투고 있었다. 간이 돌아와 이를 보고 오덕인과 주먹다짐을
> 하였는데, 간 다츠타로가 코피를 흘리는 등 소란이 일어났다.
> 관찰사가 이 소식을 듣고 급히 순검을 파견해 전후 사정을 탐지하고
> 싸움을 말렸는데, 일본 영사가 일본군 사령부에 전보로 이를
> 보고하고 일본군 수비대를 동원하여 관찰사를 압박하고 중대장을
> 체포해갔다.

어떻게 보면 사소한 일이었지만 한국인들 입장에서는 처리
과정이 부당하게 느껴졌다. 일본은 한국인 병사와 일본 상인

위는 국가지정기록물 제12호인 '3.1 독립선언서'로 최남선이 쓰고 민족대표 33인이 서명하였다. 아래는 당시 평북 철산에서 교사로 있던 독립운동가 유봉영에게 누군가 손으로 독립선언서를 베껴 편지로 보낸 것이다. 3월 3일 소인이 찍혀 있다. 유봉영은 이것을 받아 독립선언서를 등사해 3월 8일 철산에서 만세시위를 벌였다. ⓒ독립기념관

사이에 벌어진 사소한 싸움에 일본 헌병을 개입시켰고, 사건을
처리하는 과정에서 대한제국 정부를 상대로 일본인이 입은 피해를
보상하라고 압력을 가하기도 했다. 이런 일들이 생기면서 공주
지역의 민심은 일본인에게 부정적으로 되어 갔다.

공주에 있던 일본영사 분관도 일본인들의 정착 초기인
1904년에 작성한 보고서를 통해 공주 지역민들이 일본인들에게
부정적이라고 언급하였다. 이는 일본인들이 공주 관내 여러
지역을 돌아다니면서 폭력이나 위력을 써서 강제로 토지를
빼앗거나 또 고리대금업을 운영하는 등 지역 사회에 많은 논란을
일으켰기 때문이다.


## 대한독립만세! 대한독립만세!

공주의 3.1 운동 중에서는 3월 14일 유구에서 황병주를 중심으로
일어난 만세시위와 4월 1일 정안면 석송리에서 이기한 등이
주도한 만세시위, 그리고 같은 4월 1일 공주 읍내에서 장날을 맞아
영명학교 졸업생과 교사, 학생들이 중심이 되어 벌인 시위 등을
주목할 만하다.

3월 14일, 공주지역 최초로 유구에서 만세시위가
일어났는데, 이는 천도교 신도인 황병주가 주도한 것으로
유구시장 장날을 맞아 인근의 많은 주민들이 모여드는 날을 택해

벌인 일이었다.

황병주는 〈매일신보〉를 통해 서울에서 3월 1일에
만세시위가 일어나 천도교주 손병희가 체포된 사실을 접하고,
3월 14일 오후 4시경 장터에서 "대한독립만세!"를 외쳤다. 500여
명 가량의 시위 군중이 모이고 행진을 하자 순사들이 황병주를
체포해갔다. 주민들은 유구 주재소로 몰려가 황병주의 석방을
요구하면서 주재소 문을 부수었다. 이때 공주 읍내에서 헌병과
경찰 12명이 급파되었으며, 시위에 앞장선 이들이 모두 체포되고
시위군중은 강제 해산되었다. 헌병과 경찰들은 16일까지 유구
읍내를 공포 분위기로 억누르다가 공주 읍내로 돌아갔다.

이후 황병주는 공주지방법원에서 열린 재판에서
"조선민족으로 정의와 인도에 기초하여 만세운동에 참여한
것이므로 범죄가 아니다."라고 주장했다. 이 사건으로 황병주 등이
징역 3년을 받은 것을 비롯해 총 21명이 실형을 받았다.

4월 1일 정안면 석송리에서는 주민들 사이에서 신망이 높던
유림 이기한의 주도로 독립만세운동이 전개되었다. 이기한은 같은
유림인 이병억 등과 함께 3월 1일 이후 전국 각지에서 벌어지는
만세운동의 소식을 접하고 이에 호응하여 지역에서도 만세운동을
벌일 것을 결의하였다.

4월 1일 이기한은 마을사람들을 모으고 독립만세를 외친
뒤 면소재지인 광정리를 향하여 행진을 시작하였다. 행진 도중
석송리, 운궁리 등 주변 마을사람들이 합세해 광정리에 도착했을

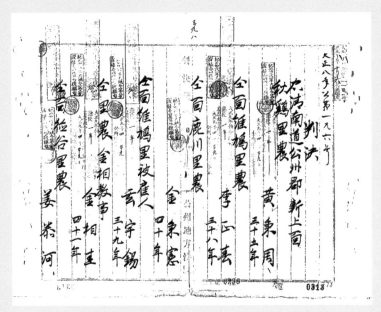

大正八年刑公第一九六号

判決

忠清南道公州郡新上面

勑瑁里農　黃東周
　　　　　三十五年

維鳩里農　李正表
　　　　　三十八年

鹿川里農　金東憲
　　　　　四十年

維鳩里被告人
　　　言宇錫
　　　三十九年

里農　金相教事
　　　金相主
　　　四十一年

　谷里農
　　姜泰河

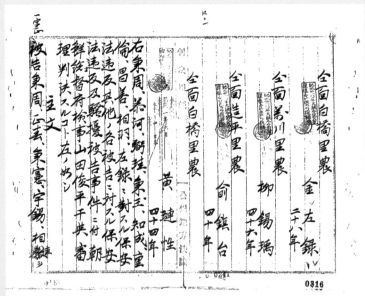

白橋里農　全左錄
　　　　　二十八年

善川里農　柳錫瑀
　　　　　四十六年

造平里農　俞鎮台
　　　　　四十年

白橋里農　黃連性
　　　　　四十四年

右東周、泰河、翻桂、東主、知成里、昌善、相羽、各被告ニ對スル保安法違反及騷擾被告事件ニ付朝鮮總督府檢事山田俊平干與審理判決スルコト左ノ如シ

主文

被告東周、正表、東憲、宇錫、相教

──────── 황병주 등 유구 만세시위에 참여한 사람들에 대한 공주지방법원의 재판 기록. 보안법 위반 및 소요를 일으킨 명목으로 기소되었다. ⓒ국사편찬위원회 삼일운동 데이터베이스

때는 수백 명에 이르렀다. 이들은 광정리에서 태극기 깃대와 삽, 곡괭이 등으로 마침 경찰이 부재중이던 주재소를 파괴하였다. 시위 군중이 석송리로 돌아가던 길에 일본 경찰 및 헌병들과 부딪치면서 사태가 심각해졌다. 시위 참가자들과 일본 경찰·헌병 사이에 격투가 벌어졌으며 결국 시위 참가자 일부가 체포되기도 하였다. 이 진압과정에서 헌병이 총을 사용, 발표하면서 이병림이 사망하고, 10여 명이 중경상을 입었다. 이병림은 공주지역 3.1운동 과정에서 발생한 최초이자 유일한 순국자였다.

　　일본 경찰·헌병에 의하여 만세 군중들이 체포를 당하자 광정리를 중심으로 야간에 횃불만세운동이 일어났다. 체포되지 않은 이기한 등은 다시 모여 수백 명이 광정리주재소로 가서 밤까지 횃불을 올리고 독립만세를 외쳤다. 이 횃불만세운동은 3일까지 지속적으로 전개되었다. 이후 이기한은 결국 검거되었으며, 재판과정에서 자신의 행위는 조선민족으로서 정의와 인도에 입각한 의사발동이므로 범죄가 아니라고 상고하였으나 결국 3년간의 옥고를 치렀다.

　　4월 1일의 공주 읍내 만세시위는 영명학교 졸업생인 오익표, 안성호, 학교 교목이자 공주감리교회 담임목사인 현석칠과 전임 안창호 목사, 영명학교 교사 김관회, 현언동, 이규상, 김수철 등이 주도하였고, 공주청년회의 서덕순과 김영배 등도 참여하였다. 오익표와 안성호는 일본 도쿄 청산학원에서 유학하다가 2.8독립선언을 경험하고 돌아온 참이었다.

이들은 서울에서 입수한 독립선언서 1,000여 장을 인쇄하고 태극기도 4장 만들었다. 영명학교 학생인 유준석, 노명우, 윤봉균, 양재순 등도 참여했다. 이들은 공주 장날인 4월 1일, 사람들이 가장 많이 모이는 무렵인 오후 2시를 기해 장터에서 태극기를 흔들고 "대한독립만세!"를 외치며 사람들에게 선언서를 배포했다. 김수철이 독립선언서를 낭독하고 만세를 부르자 1천여 명의 군중이 만세시위에 동참하였다. 하지만 삼엄한 경계를 펼치던 헌병과 경찰이 달려들어 주모자들은 모두 붙잡히고 말았다. 강제로 해산하려는 일본 기마경찰들과 육박전을 벌여 일부 학생들은 부상을 입기도 했다.

공주에는 공주 경찰서와 헌병 분견대 등이 주재하고 있어서 억압의 강도가 큰 편이었고, 그 때문에 시위가 더 커지지 못했다. 하지만 시위를 벌이지 못하더라도 다른 방식을 통해 지속적으로 저항을 이어나갔다. 당시 충청남도 도지사는 공주의 만세시위에 대해 조선총독부에 다음과 같이 보고하였다.

공주에서는 영명학교 졸업생과 생도, 교직원이 모의하여 시위를 벌이기에 이르렀고, 민심의 변화가 감히 예상할 수 없을 정도가 되었다. 공립보통학교 중 4월 1일 개교식에 학생이 출석하지 않았고 지금까지 입학생으로 등록한 학생이 겨우 1명에 불과하다. 4월 3일의 기념식수는 현재 분위기 상으로는 하기 어려울 것 같고 (…) 관내 형세는 매우 험악해 정세에 따라 경계와 방비에

주의를 기울이고 있다. (…) 4월 1일에 공주 장날에 공주영명학교 교직원, 생도 등이 독립선언서를 배포 선동하여 전부 주모자를 체포하였는데, 그 중 1명은 사감으로 있던 사람이고 또 한 사람은 공주군 계룡면 원명학교 교원이다. 기타는 모두 재학생이거나 졸업생이다. 이 학교는 병합 이래 생도 수가 줄어들다가 최근에 목사가 가련한 사람들에 대한 구제 활동을 한 이후로 격증하는 중이다.

이 보고에 따르면 영명학교 학생이 중심이 되어 일어난 공주 장날의 만세시위를 전후로 해서 주민들이 자녀를 학교에 출석시키지도 않고 입학도 시키지 않는 방식으로 저항을 표했음을 알 수 있다. 오늘날의 수업거부나 등교거부에 해당하는 방법으로 일제에 저항했던 것이다.

## 지역에서 맞부딪치는 민족 갈등

한편 공주군청은 5월 14일에 공주군내 면장들을 모두 모아 만세시위 가담 혐의로 옥에 갇힌 사람들을 찾아가 '훈계'하도록 하는 동시에 지역 내 유지와 양반으로 하여금 주민들이 어떠한 점에 불만을 품고 이처럼 강하게 저항하고 있는지 확인해 보고하도록 했다. 그 결과 일제의 식민 지배가 시작된 후 오랫동안

쌓인 갈등으로 인해 3.1운동이 폭발적으로 일어난 것이라 생각할
만한 내용이 여러 개 지적되었다. 정치적인 억압이나 경제적인
곤란함, 거기에 더해 인종차별이라 할 만한 내용까지 여러
차원에서 문제가 쌓여 있었던 것이다.

① 공동묘지 문제에 대한 당국의 방침으로 한국인들은 죽어서도
매장할 장소를 잃게 되었는데, 총독부를 비롯해 일본 정부는 이런
제도를 만들면 조선인들이 고통을 겪게 된다는 사실에 대한 이해가
없다.

② 조선인은 압박을 받는 것이 당연한 사람인 것처럼 대한다.

③ 지난번에 자운영의 재배를 강제했는데 그 종자를 구매해도
종자상태가 불량했다. 그런데 이번에는 금비를 강제로 구입하게
했는데 이 역시 별로 효과가 없다. 금비를 구입하게 되면 가산을
모두 쏟아도 그 값을 치르기 힘든 경우가 발생한다. 일본 정부가
결정하면 관헌은 농민들의 사정은 돌아보지 않고 무조건
따르라고만 한다.

④ 육지면도 그러한 실정이다. 조선인들은 육지면을 기르는
데 찬성하지 않는데, 아직 그 재배법이나 이익을 거둘 수 있는
방법도 모르고 있다. 그런데도 총독부와 충청남도, 군이 무조건
명령을 내려서 논 경작 면적 중 일정한 부분을 할당해 재배하라고
강요하기만 한다.

⑤ 만세를 부르고 독립을 외치는 행위에 대해 구타와 살상행위가

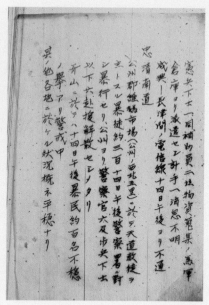

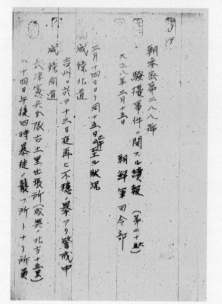

1919년 3월 15일, 조선군사령부에서 작성한 '소요사건에 관한 속보'. 함경북도 길주, 함경남도 장진 등에서의 소요 소식에 이어 충청남도 공주에서 벌어진 소요 소식을 전하고 있다. 이 속보의 수신자는 참모총장 육군대신을 비롯해 한국의 각 부대 및 만주와 중국에 파견된 군대에까지 이르고 있어 눈길을 끈다. ⓒ국사편찬위원회 삼일운동 데이터베이스

지나치고 잔혹하다. 공주에는 군인이 많이 주둔하고 있어서
평소에도 아이들이 병정놀이를 많이 하는데 일본인 아이들은 군대
역할을 하고 조선인 아이들은 만세를 부르며 시위를 벌이는 역할
놀이를 많이 하고 있다. 이런 아이들의 놀이에도 군대가 출동해서
아동을 포박하는 지경에 이르고 있다.


## 3.1운동, 독립과 친일의 세력이 분명해지다

만세시위가 벌어진 직후 일제 식민당국은 여러 방법을 동원해
운동의 확산을 막으려 했다. 먼저 공주군청은 4월 1일 공주 장날
시위 직후에 장을 폐쇄하고 시장을 통한 상거래를 전면적으로
금지하였다. 이로 인해 상인들이 경제적으로 곤란을 겪게 되자
그들을 불러 모아 다시는 시위를 하지 않는다는 조건을 내걸고
시장 거래 재개를 허용하는 조치를 취했다. 또 대정친목회의
조윤용 등 적극적으로 친일행동에 나서던 지역 인사들을 초청해
시위에 참가하지 말라는 내용의 특별 강연회를 열기도 했다.
　　각 만세시위마다 헌병과 경찰을 동원한 강력한 탄압이
자행되고, 지역의 시위 주도 세력이 잡혀가거나 혹은 체포를
피해 피신하면서 만세시위는 더 지속되지 못하였다. 그리고 여러
차원에서 회유 작업이 진행되었다. 행정기관장이나 치안기관장이
주민들을 모아 놓고 회유에 나서기도 했고, 지역 유력자들을

己未年三·一獨立萬歲運動 紀念塔

공주종합운동장 앞에 설치된 기미년 3.1 독립만세운동 기념탑. 탑의 오른쪽 아래 벽에는 만세운동에 나선 공주 사람들의 모습을 조각하였다.

동원해 회유에 나서기도 했다.

공주의 3.1운동은 결국 실패로 끝났다. 전국적으로 벌어진 항쟁에서 어느 특정 지역만 성공을 거두는 것은 애초에 불가능했다. 하지만 지역의 입장에서는 여러 성과도 확인할 수 있었다. 무엇보다 공주의 종교인, 유학자, 교사, 학생, 면서기, 농민 등 다양한 주도 세력이 독립운동을 전개했다는 것을 들 수 있다. 여러 집단이 공통의 목표를 확인하고 정치적 경험을 쌓은 것은 이후 공주 민족운동의 발전으로도 이어질 것이었다. 만세시위에 가장 적극적으로 참여한 이들의 연령대가 20대와 10대가 많았다는 점도 향후 공주의 민족운동이 지속할 수 있는 기반이 될 것이라는 점에서 기대할 만한 일이었다.

한편으로 노골적인 친일 양상도 분명해졌다. 당시 공주의 유지나 유력자로 행세하던 이들은 적극적으로 친일에 나섰다. 목동면의 최상집은 적극적으로 집안과 마을 단속에 나섰으며, 조윤용과 유일선 등은 강연회 등을 통해 일제의 입장을 대변했다. 김갑순 등의 친일 인사들은 주민들과 모임을 가지면서 적극적으로 회유에 나섰다. 이렇게 지역에서 친일 인사들의 정체가 노골적으로 드러나면서 이후 해방에 이르기까지 독립을 희망하는 세력과 친일에 자신의 이해를 건 세력은 계속 갈등할 것이었다.

# 갈등과 위기의 식민지 현실
## 1920~30년대 공주의 농민운동과 학생운동


## 산미증식계획과 식량공급기지로서의 한국

3.1운동 이후 1937년 본격적으로 중일전쟁이 시작하며 국가
총동원체제에 들어가기 전까지 1920년대와 1930년대에는 사회
각 부문에서 항일운동을 비롯해 더욱 다양한 운동이 일어났다.
인권의식이 신장되어 어린이, 여성, 백정 등 사회구조적으로
더 많은 차별을 받았던 이들의 권리쟁취운동이 전개되었으며,
계급의식이 깨어남에 따라 농민운동, 노동운동 등도 활발히
일어났다. 또 사회주의와 민족주의가 갈등과 협력의 복잡한
관계를 가지면서 사상운동과 조직운동이 일어났으며, 이러한
사상적 영향 아래에서 청년운동과 학생운동 등도 확산되었다.

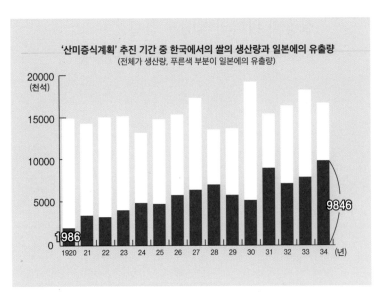

'산미증식계획' 추진 기간 중 한국에서의 쌀의 생산량과 일본에의 유출량
(전체가 생산량, 푸른색 부분이 일본에의 유출량)

───────── '산미증식계획' 추진 기간 중 한국에서의 쌀의 생산량과 일본에의
유출량. 생산량은 조선총독부가 발행한《농업통계표》1936년판을, 일본에의 유출량은
《조선총독부 무역연표》각 년도판을 기준으로 한 것이다.


　　　일제의 식민지배체제를 그 바닥에서부터 흔들었던 것은
농민운동이었다. 당시 한국인의 절대 다수는 농민이었으며,
'산미증식계획' 등 일제의 농업정책은 농민대중에게 고통과
몰락을 가져왔다. 농민들로서는 눈앞의 문제에 맞서 싸우는
것이 식민지 지배와 수탈에 균열을 내고 민족해방에 기여하는
것이었다.
　　　산미증식계획은 쌀의 산출량을 늘리겠다는 것으로 일제가
한국을 자국의 식량공급기지로 삼기 위해 1920년부터 추진한

근대도시 공주의 탄생

식민지 경제정책이다. 이는 농지 개량에 의한 것과 농사 개량에
의한 것 두 부문에서 추진되었는데, 농지 개량에 의한 증산 계획은
관개시설의 개선, 지목교환·개간·간척에 의한 농지 확장을
목적으로 하였으며, 농사 개량에 의한 계획은 품종 개량·퇴비
장려·적기 번식·심경·제초운동 등을 전개해 단위 면적당 수확량을
증가시키는 것이다.

실제 산미증산계획에 따라 일시적으로 미곡 생산량이
늘어나기도 하였지만 이것이 농민들에게 이익으로 돌아가지는
않았다. 미곡 생산량은 늘어난 것 이상으로 일본에 수출되었는데
이는 1인당 쌀 소비량의 감소 위에서 추진된 것이어서, 정작
국내에서 식량이 부족해지자 만주에서 잡곡을 도입하기도
했다. 쌀의 일본 수출로 이익을 본 것은 지주들과 일본의
대자본뿐이었다(이들은 중간 유통에서 이윤을 얻었고, 또 일본의
노동자들에게 저가의 미곡을 보급할 수 있음으로써 상대적으로 저임금
체제를 유지할 수 있었다).


## 그 계획의 이익은 누구에게 돌아가는가


1924년 12월 23일자 〈조선일보〉에 실린 시평 기사는
산미증식계획의 의도에 대해 질문을 던지고 있다. '조선의
산미증식'이라는 제목을 단 이 시평 기사는 1면의 '조선일보'

제호 바로 옆에 게재된 것으로 그만큼 당시 언론에서도 이 문제를
중요하게 여기고 있다는 것을 보여준다.

조선은 쌀의 나라다. 조선사람은 쌀을 주식으로 할 뿐 아니라
쌀을 팔아 입고 쌀을 팔아 쓰고 하는 농민이 대부분인 까닭에
미곡문제만큼 조선사람의 눈과 귀를 끄는 문제는 없을 것이다.
그런데 시모오카 정무총감의 산업제일주의정책의 첫소리로
조선산미증식계획을 실행할 것이라 한다. 물론 이것은 멀리
데라우치 총독 시대부터 역대 총독의 간판 정책이 되어 있었다.
그럼으로 시모오카 씨의 신정책이라고 할 수는 없으나 하여튼 어느
정도 새로운 모습을 하고 나올 것은 가히 능히 짐작이 가는 바이다.
오늘날 조선을 경제적 궁핍함에서 건져내려는 계획을 세움에
있어 조선 산업의 중심인 '쌀'을 비롯해 미곡에 치중하는 것은 어떤
의미로 보아도 당연하다 할 것이다. 그러나 이 산미증식계획으로
말미암아 새로 늘어나는 미곡이 오직 일본제국의 식량문제를
해결하기 위함에 그 근본주의가 있는 것은 이제 새삼스러이 지적,
비난할 필요가 없는 문제지만, 이제 그 소위 신계획의 의도를
엿보건대 소작농까지를 일본 이민으로써 하겠다는 것이 분명한
사실이다. 그러면 이 소위 산미계획이 조선인의 생존발전을
키우거나 돕는 것에 전혀 무의미할 뿐 아니라 오히려 조선인의 생존
발전을 위협하는 것임을 당국자는 고려하고 있는가 아닌가. 우리는
이 계획의 앞날에 주의 깊게 지켜볼 것이다.

───────── 1924년 12월 23일자 〈조선일보〉에 실린 시평 기사 '조선의 산미증식'.

  산미증식계획에서 조선총독부가 가장 선호한 증산방법은
토지개량과 지목변경(밭→논), 그리고 수리조합을 설립하여
수리시설을 안정적으로 확보하는 것이었다. 1920년대 중반부터
전국의 하천변 토지에서는 대대적인 수리조합 설치사업이
전개되었는데, 지방의 중소 지주나 자작농들을 중심으로
반대운동이 벌어졌다. 지주들도 설립 비용의 일부를 부담해야
했고, 수리조합 설립 이후에 그동안 물 걱정이 없었던 토지를
소유한 지주와 소작인도 상당 액수의 물 이용료를 내야 했으며,
수리시설의 확대로 이익을 보는 일본인 지주가 많아서였다.

공주지역에서도 일제가 추진하는 수리조합에 반대하는
투쟁이 전개되었다. 1927년 우성면에서 수리조합 설치가
시작되자 이에 반대하는 지주들은 도청과 군청에 진정서를 넣고,
반대운동 관련기사를 작성하면서 "일개 일본인 지주의 의견에
부합"하여 당국이 한국인 지주, 농민들을 강제로 명령에 따르게
하고 있다며 대대적으로 반일 감정을 선동하였다. 온건한 방법이
통하지 않자 나중에는 수백 명의 소지주와 소작인을 이끌고
시내까지 진출하여 시위를 벌이기도 했다. 이들은 경찰과 밀고
밀리는 몸싸움까지 마다하지 않으면서 반대투쟁을 전개하였다.
공사장을 지키던 파견 순사들은 공사를 방해하던 한국인들을
구타하였을 뿐만 아니라 시위 선동자를 조사한다는 이유로
공사 저지에 앞장선 인물들을 체포하기까지 하였다. 이는
산미증식계획이 결국 일제와 일본인 정착민들에게 더 유리한
사업임을 스스로 폭로하는 것이었다.


### 농민들의 절박한 싸움, 소작쟁의

〈동아일보〉 1931년 4월 7일자 신문에는 "농촌 참상 갈수록 더욱
심각 / 야간도주자 1천50명 / 빚에 졸려서 살 수 없다고"라는 제목
아래 공주군 의당면과 정안면 두 마을에서 농민들이 밤을 틈타
도망가는 현실을 전하고 있다.

———— 위는 1916년에 나온 조선총독부 시정 6주년 기념 우편그림엽서
중 하나다. 전북 옥구군에서 임익수리조합이 진행한 제방 사업과 평북 태천에서
동양척식주식회사가 진행한 관개 사업을 홍보하고 있다. ⓒ충청남도역사문화연구원
아래는 1920년대 군산항의 모습으로 일본으로 실어 보낼 쌀이 산더미처럼 쌓여 있다.
군산은 호서와 호남에서 생산된 쌀을 일본으로 보내는 항구로서 중요한 의미를 가지고
있었다. 우측 상단의 건물이 조선은행 군산지점(현 근대건축관)으로 1923년 이후에
촬영된 것임을 알 수 있다. ⓒ동국사

공주군 의당면, 정안면 등 두 면에서만 극도에 달한 농촌 불황으로 금년 이래 야간도주한 농민이 1천 50여 명이나 된다고 한다. 이와 같이 대대로 살아온 고향을 버리고 야간도주를 하게 되는 이유는 남의 토지를 빌어 농사를 지었으나 전 수입을 다 합한다 할지라도 지주에게 갚아야 할 빌린 토지 값도 못 되는 데다가 농사 짓느라고 진 빚에 몰려 차마 견디기 어려운 것이 중요 원인이라 한다. 앞에 적은 1천50여 명이 구성하고 있던 호수로 보면 의당면에 112호, 정안면에 120호이며 그 외의 각 면에도 상당히 야간도주한 사람이 많으리라 한다.

1920년대와 30년대에는 이렇게 야간도주로 몰래 고향을 떠나는 농민들의 뉴스가 자주 등장하였다. 이들은 도시로 몰려가 도시빈민이 되거나 만주나 사할린 등 국경 바깥의 삶으로 내몰리기도 했다. 이처럼 소작민들의 삶이 힘들어지면서 전국 각지에서 소작쟁의가 빈발했다. 소작쟁의는 소작 조건의 개선을 요구하는 농민운동으로, 소작농이 지주를 대상으로, 혹은 지주를 관리해줄 것을 요구하며 국가나 지방행정당국에 대해 벌이는 농민운동이다.

1931년 말 기준 공주지역의 인구는 한국인 117,075명, 일본인 2,242명, 외국인 219명으로 총 119,586명이었다. 그 가운데 농업인구는 89,409명으로 전체 인구의 74.8%에 달하였다. 농업인구 중 일본인은 74명, 중국인은 38명에 불과하였고

근대도시 공주의 탄생

한국인은 89,297명으로 99.9%를 차지하고 있었다. 농업인구 중 지주는 극소수였고, 절반 이상은 소작농이었다. 공주의 인구 중 다수가 한국인 농민이었으며, 이들 대부분이 소작농이거나 빈곤한 자작농으로 농민들의 이해관계에 따라 사회적으로 문제가 될 가능성이 높았다.

공주에서 처음 소작쟁의가 일어난 것은 1921년 5월이다. 당시 김갑순의 마름 이학제는 공주 반포면 소작인들로부터 가을 추수 이후에 받을 소작료를 미리 당겨서 받고, 소작료를 선불하지 않으면 소작권을 박탈하는 횡포를 부렸는데, 이에 농민들이 진정에 나서 대전경찰서에서 조사를 하는 일이 있었다. 또 1927년에도 김갑순 소유의 다른 토지에서 소작료 납부시에 저울에 납덩이를 넣는 등 부정한 도구를 사용함으로써 이에 대해 조사가 이루어진 일도 있었다.

소작쟁의가 발생한 토지는 김갑순의 토지만이 아니었다. 1927년 1월에는 주외면 소작인들이 "악덕지주의 무리한 소작료 징수를 견디지 못하고 지역에서 생활할 도리가 없다."고 하면서 대표를 뽑아 공주군 및 충남도, 경찰서에 진정서를 제출하는 사건이 일어났으며, 또 같은 해 5월 목동면 용성리에서는 소작인 신용균이 읍내에 사는 권모 지주의 소작권 이동에 항의하여 경찰에 탄원을 제기하는 사건이 발생하기도 했다.

## 양보는 잠시뿐이다

1930년대 들어서도 농민들의 상황은 별로 달라지지 않았다. 피폐한 농촌 경제와 소작농의 어려움에도 아랑곳 않고 지주와 마름의 횡포는 계속되었다. 경작 중에 소작권을 다른 소작인에게 이동시키거나, 소작료를 받는 데 석유 상자를 이용하는 등 지주와 마름의 횡포가 끊이지 않았다. 1929년 말부터 세계 경제가 대공황에 빠지며 전체적으로 경제상황이 어려워진 중에도 지주와 마름의 횡포가 더해져 농민들의 궁핍은 극에 달하였다. 이에 소작쟁의도 더욱 조직적이고 급진적이 되었다. 농민들은 광범위한 지역에서 동시다발적으로 운동을 전개하고, 또 투쟁동맹을 결성하는 등 조직적인 모습을 띠었다.

1931년 11월에는 주외면 소학리에서 소작인 70여 명이 '신합소작인동맹'이라는 단체를 만들었으며, 신기리에서도 소작인 120여 명이 모여 '신기리소작인동맹'을 조직한 뒤 "소작권 이동 결사반대, 소작료는 지주 4할 소작인 6할제 실시, 마름제 철폐" 등을 내걸고 투쟁하였다. 같은 시기 계룡면 구왕리와 내흥리, 중장리, 하대리에서도 과도한 소작료 납부와 소작권 박탈 행위에 항의하고자 소작인동맹을 결성하고, "소작료 5할 이상 거절, 토지 관리비 불납, 돈을 주고 사서 쓰는 거름의 사용 거부" 등을 요구로 내걸었다. 이렇게 소작쟁의가 확산되자 공주 경찰서는 소작인 대표를 불러 "군중적 시위에 의한 방식을

버리고 합법적이고 온건한 방법"으로 쟁의를 진행하라고 압력을
가하기도 했다.

공주 경찰은 소작쟁의와 지역의 사회운동세력이 연계하지
못하도록 청년동맹 간부들을 미리 체포하는 등 강경한 분위기를
띄는 한편 지주들에게도 '한발짝 양보할 것'을 종용하는 등 사태가
더 확산되지 않도록 나섰다. 이에 따라 소작농민들은 약간의
양보를 얻어냈지만, 이는 오래 가지 않았다. 이후로도 지주들은
소작권 박탈 등을 일삼았으며, 논밭의 경계를 이루는 두렁에도
값을 매겨 소작료를 더 거두는 등의 폭정을 일으켰다. 소작농과
지주들은 수리조합 건설 문제 등에서는 함께 일제에 맞서기도
했지만 근본적으로 같은 입장에 설 수가 없었다. 농민운동은
한편으로 항일운동이면서 한편으로 계급운동의 성격을 가지며
발전해갔다.


학생들의 무기, 동맹휴학


1920년대와 30년대에 공주지역에서 농민들의 투쟁만큼이나
대중적으로 폭넓게 전개되었던 운동으로 학생들의 동맹휴학을
이야기할 수 있다. 지역에서 3.1운동을 주도하고 적극적으로
참여하였던 것이 영명학교였다면, 20년대에는 '공주고보'가
학생들의 항일운동에서 두드러졌다.

1922년에 설립된 공립 공주고등보통학교는 충청도에서 한국인들도 입학할 수 있는 최초의 인문계 중등학교(지금의 교육편제로 중학교와 고등학교 과정)였다. 5년제로 인가받아 2학급, 학생 110명으로 개교하였는데, 중간에 6년제로 바뀐 이래 1930년 말에는 교사 21명, 학생 324명으로 3배 가까이 성장하였다.

1920~1930년대에 한국인 학생들의 가장 보편적인 항일운동의 형태는 '동맹휴학'이었다. 학생들은 학생의 의무이자 권리인 '수업'을 무기로 삼아 투쟁을 전개하였다. 공주고보는 공립학교인데다, 교사와 학생의 상당수가 일본인이어서 식민지 교육체제가 더 강고하게 작동했지만, 그런 중에도 1926년, 1927년, 1929년 세 차례에 걸쳐 동맹휴학을 전개하였다.

첫 번째 동맹휴학은 1926년 4월 26일 세상을 떠난 순종의 장례일인 6월 10일에 일어났다. 이날 전국적으로 만세시위가 벌어졌는데, 이것이 3.1운동과 1929년 광주학생의거를 이어주는 '6.10만세사건'이다. 공주고보에서도 한국인 학생 전원이 수업을 거부하고 공산성 쌍수정에 모여 북쪽 서울 방면을 향해 절을 올리고 일제히 곡을 했다. 한국인 학생들의 분위기에 눌린 학교 당국도 학생들의 등교 거부에 아무런 제재를 가하지 못했다.

두 번째 동맹휴학은 이듬해인 1927년 7월에 일어났다. 6월 26일, 공주고보(6년제) 4학년 이철하가 일본인 교장에게 항의 편지를 보냈다가 교칙 위반을 이유로 퇴학을 당하였다. 1926년 12월 25일 다이쇼 일왕이 사망한 뒤 벌어진 장례식에서 한국인

——————— 1927년 7월 3일 〈조선일보〉에 보도된 공주고보의 동맹휴학 소식.
'학생 구타 축출로 공주고보 맹휴' 제목 아래 관련 내용을 자세히 소개하고 있다.
'일선차별'이라는 말로 한국인 학생과 일본인 학생을 차별하는 교육체계가 문제임을
정확히 지적하였다.

학생들이 한국식 상복 차림으로 참여한 것이 문제가 되면서
이후 학교 측의 통제가 심해져 있던 때였다. 교장은 이철하의
아버지를 학교로 불러 그 앞에서 이철하를 심하게 구타하고
퇴학시켰다. 이 일이 알려지자 동급생 50여 명이 결집해 한국
사람을 차별하는 교장 퇴진 등 6개 항의 요구를 내걸고 7월
2일부터 공주고보만으로서는 최초로 동맹휴학을 벌였다. 4학년생
50여 명이 동맹휴학을 하자 3학년생 80여 명, 2학년생 90여 명도
동맹휴학을 결의했다. 다음 날, 그다음 날에도 계속된 동맹휴학

사건으로 무려 14명이 퇴학 처분을 받았다. 주동자인 4학년
한홍손은 경찰에 잡혀가 고문을 받은 끝에 목숨을 잃고 말았다.


## 식민지 노예교육의 본질을 폭로하다

1929년 10월 30일, 광주시내에서 한국인과 일본인 학생들
간의 충돌이 발단이 되어 11월 3일 메이지 일왕의 생일을
맞아 민족차별과 억압에 대한 광주지역 학생들의 가두시위로
발전하였다. 광주에서 시작한 항일 학생운동은 곧 전국의 학교로
확산되어서, 1930년 3월까지 6개월에 걸쳐 전국의 200여 개
학교, 5만 4,000여 명의 학생이 참여해 시위와 동맹휴학, 시험거
부(백지동맹) 등으로 항일의식을 표출했다. 학생 580여 명이 퇴학
조치되고 1,600여 명이 구금되었으며, 2,300여 명이 무기정학을
받았다.

공주고보도 전국적인 항일 학생운동에 동참하였다.
4학년 이관세·나인종·나병갑·백낙순·김기철·윤상원·김제능,
3학년 이상돈·김송규(김해송), 2학년 유종호 등이 동맹휴학을
주도했는데, 감시의 눈을 피해 금강 백사장이나 고마나루 솔밭
등에 모여 일을 꾸몄다. 이들은 1929년 12월 2일, 2-4학년 200여
명을 모아 6일 동안 동맹휴학을 통한 항일운동을 벌였다.

공주고보 학생들의 동맹휴학에 불을 지른 것은 일본인

─────── 일제는 공립학교를 설립해 초등과 중등과정의 교육을 제공했는데, 이는 근대국가의 당연한 서비스이면서 한편으로는 한국 사람을 일본 천황의 신민으로 개조, 양성하는 식민지 노예교육의 측면도 가지고 있었다. 위는 공주고등보통학교의 학교 건물, 아래는 공주고보 학생들의 체조 장면으로 두 사진엽서 모두 1924년 6월 14일 교사 신축 이전 직후 이를 기념하고자 만든 것이다. 아래 사진 왼편에 흰색 제복을 입고 혼자 서있는 사람은 군인이다. 일찍부터 학생들의 행사에 일상적으로 군인들이 관여했음을 유추할 수 있다. ⓒ공주대학교 공주학연구원

교사 가루베 지온이었다. 공주와 주변의 역사 유적을 제멋대로
발굴한 인물인 가루베 지온(1권《역사의 보물창고 백제왕도 공주》
참조)은 5학년 담임을 맡고 있었는데, 한국인 학생 8명을 데리고
공주 경찰부장 관사에 인사를 간 것이 알려지며 문제가 되었다.
이를 문제 삼은 학생들은 교사 가루베가 자신이 담임을 맡고 있는
학생들을 경찰 첩자로 삼으려 했던 것이 아닐까 의심하며 이에
적극 맞서기로 했던 것이다.

　　동맹휴학 초기에는 학교 당국이 학부형들을 동원해 학생들을
강제 등교하도록 했으나, 학생들은 일단 등교 후 곧바로 학교
밖으로 나가 '맹휴'에 동조하는 등 그 열기가 상당히 높았다.
그러자 경찰이 개입해 학생들을 마구잡이로 잡아들여 구타했으며,
학부형들에게는 학교 밖의 불온분자들이 조종하니 자식들을
단속하라고 선전하였다.

　　6일간의 동맹휴학으로 공주경찰서 유치장은 고보 학생들로
꽉 차고 말았다. 당시 학교와 일제 당국도 강경하게 대응을 계속해
재학생의 절반 이상이 퇴학을 당하면서, 공주고보 4회부터
8회까지 졸업생 숫자가 급감하는 일도 있었다.

　　일제강점기의 공립학교 교육은 한국 사람을 일본 천황의
신민으로 개조, 양성하기 위한 식민지 노예교육이었다. 또한
같은 학생이라고 해도 일본인 학생과 한국인 학생 사이에는
차별이 존재해서 언제나 갈등 요소가 잠재되어 있었다. 어느
때든 계기만 주어지면 그에 대한 반대운동이 크게 일어날 수밖에

없었다. 식민지는 차별과 억압에 기반하고 있었고, 아무리 세련된 문화통치를 내세운다고 해도 그 본질은 가려지지 않았다.

도청 이전 대신 세워진 금강철교는 한강

이남에서 가장 유명한 다리 중 하나였다.

철도가 다니지 않는 철교로는 유일했던

금강철교는 공주사람들의 자부심이자 애정의

대상이었다. 금강철교를 비롯해 중동성당과

제일교회, 그리고 옛 공주읍사무소 등

근대화의 혼적으로 남은 건축물들을 통해

공주가 겪은 근대사의 굴곡들을 살펴본다.

6장

근대의
흔적을 찾아서

조선에 다시 없는 명소, 도청과 맞바꾼 다리

순교의 역사에서 시작한 믿음의 풍경

기꺼이 한국에 헌신한 공주 교회사

이름의 변화로 읽는 공주의 근현대사

# 조선에 다시 없는 명소, 도청과 맞바꾼 다리

## 금강철교

### 금강에 다리가 놓이다

1933년 11월 27일, 〈조선일보〉에 공주 사람들에게 반가울 기사가
실렸다. '사십만원 공사비의 금강철교 준공'이라는 제목을 단
기사로, 지면의 3면 가운데쯤인 5-7단에 걸쳐 실렸으며, 상단
왼쪽의 1-2단에는 금강철교의 사진이 함께 소개되기도 했다. 사진
상태는 선명하진 않지만 금강철교의 아름다운 위용을 사람들에게
전하기엔 충분했을 것이다.

충남 공주는 한갓 교통이 불완전하다는 것으로 도청 이전을 보게
되어 그 대상 설비로 금강철교가 총 공사비 삼십칠만원을 들여

작년 삼월경 장문조長門組의 손에 기공되어 지난 11월 10일로 그 공사가 준공되었다. 철교는 전장 520미터, 폭이 6.5미터, 높이가 수면 상으로 십수미터로 '해루바'식 철근 콘크리트의 일대장관의 명물인 바 그 철교를 건너는 도교식渡橋式을 금 25일 오전 11시에 거행하였는데, 첫 번째로 다리를 건넌 사람은 공주 군내에서 가장 유복한 사람으로 공주군 탄천면 국동리36번지에 거주하는 당년 79세의 정순 씨, 그 부인 윤상억 여사로 장자 내외와 장손자 내외의 삼대에 재혼이 없는 다복한 가족이라고 한다.

그날은 공주 시민의 도교식 축하 여흥으로 기생 연주며 소인극이며 가장행렬과 농악 공연 등 가지각색으로 구경거리가 벌어지게 되는 만큼 아침부터 모여드는 관람객 남녀노소 할 것 없이 수만 명으로 그 수를 알 수 없을 정도로 금강교 건너편 백사지白沙地와 쌍수산성에 인산인해를 이루었다. 오전 11시의 참관자 2,700인의 많은 사람이 도교식을 마치고 공주 시민회 주최로 쌍수산성 광장에서 축하연회를 성대히 한 후, 그 밤의 공주 시민은 여흥, 음악, 가곡, 무도 등이 여기저기서 벌어졌다고 한다.

기사에서 보듯 공주 금강철교는 충남 도청의 이전과 맞바꾼 것이었다. 이미 오래전부터 금강에 다리를 놓는 것은 공주 사람들의 염원이었지만 큰 강을 가로지르는 다리는 기술 측면이나 비용을 감안했을 때 쉽게 설치할 수 있는 것이 아니었다.

1933년 11월 27일 〈조선일보〉에 실린 금강철교 개통 관련 기사와 사진. 오른쪽은 '백제의 구도' 시리즈 엽서 중 금강철교 정면 모습을 담은 것이다. ⓒ공주대학교 공주학연구원

## 도시 발전을 가로막은 장애물, 금강

전통시대에 금강은 공주가 발전하는 데 큰 역할을 했다.
한편으로는 물길을 통해 호서 내륙과 호남 내륙, 그리고 바다를
이어주는 교통상의 이점을 주었고, 또 한편으로는 쉬이 건널 수
없는 강이라는 지형적 조건으로 방어상의 이점을 주었다. 그러나
근대에 들어 철도가 놓이고 새로 자동차를 위한 도로가 나면서
금강의 이점은 희석되고 말았다. 오히려 공주에 있어 금강은
교통의 요지를 가능케 하는 요소가 아니라 교통을 가로막는
거대한 장애물이었다. 경부선이나 호남선이 공주를 비켜간 것에는
상대적으로 강폭이 크고 수심이 깊은 공주 지역 금강의 특성도
영향을 미쳤다.

1933년 금강철교가 만들어지기 전에 공주에서 금강을
건너는 방법은 나룻배와 목교, 배다리 등의 방법이 있었다. 어느
방법이나 각각 계절에 따라 변동 요인이 많았고, 안정적으로
운영하는 게 힘이 들었다. 강을 건너는 사람이나 화물, 자동차
등도 제한이 많아서 위험요소가 높고 비용이나 시간도 많이
들었다. 조선총독부나 충남도청에 수시로 금강에 근대적인 다리를
놓아달라고 요구한 것은 그 때문이었다.

금강철교의 설치 장소로는 두 군데가 후보지로 거론되었다.
하나는 지금의 공주대교 근방인 장깃대나루 아래쪽이었고,
하나가 지금 철교가 놓인 곳으로 배다리의 하류 쪽이었다. 결국

───── 백제큰다리에서 금강철교를 바라본 모습. 공주쯤에서 금강은 큰 강이
되어서 다리를 놓는 게 쉽지 않았다. 금강철교는 설치 이래 한동안 한강 이남에서 가장
긴 다리였다.

배다리에서 하류로 150미터쯤 내려온 위치에 다리가 세워졌다.
지금 공산성과 어우러진 멋진 철교의 모습은 그런 과정을 거쳐
나온 것이다.


## 왕년의 넘버원; 한강 이남에서 가장 긴 다리

철교의 설계는 조선총독부 내무국 경성토목출장소가 맡았고
시공은 경성에 있던 토목기업인 나가토구미가 맡았다. 금강철교는
길이 약 513m, 폭 6.4m, 교각(13개) 평균 높이 약 20m인 다리로
준공 당시 한강 이남에서 가장 긴 다리였다. 그 무렵만 해도 철교는
대부분 철도를 위한 다리로 건설되었지만 금강철교는 도로를
위한 다리로 건설되었다. 경상남도 창녕의 남지철교 정도가 같은
사례로 있을 뿐 드문 일이었다. 당시로서는 최첨단 공법으로
건설되어서, 설계를 위해 현장을 시찰했던 토목출장소장은
기자회견에서 '최신식 공법을 사용하여 경성의 한강대교와 더불어
조선에 둘밖에 없는 명소를 만들 것'이라고 자랑스레 말하기도
했다.

　　금강철교는 개설 이후 공주시민들의 사랑을 받는 장소가
되었다. 공주사람들이 남긴 옛 사진에는 철교를 배경으로
찍은 것이 많다. 생활상의 편의를 가져다준 데다, 근대적
도시의 상징처럼 우뚝 선 모습이 인상적이었을 것이다. 지금도

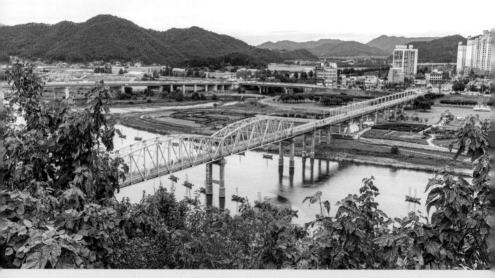

────── 위는 공산성 금서루와 공북루 사이 성곽길 전망대에서 금강철교를
내려다본 모습. 아래는 공산성쪽 입구에서 바라본 철교의 정면 모습. 백제문화제 등
특정한 행사나 축제 때는 차량 통행을 막고 행사를 진행하거나 한다.

공산성에 올라 성의 북쪽과 서쪽을 다닐 때면 아래편으로 보이는 금강과 우아하게 아치를 그리는 금강철교의 모습이 아름답고 인상적이어서 사진을 찍는 이들이 많다.

금강철교는 한국전쟁 중에 수난을 겪기도 했다. 1950년 7월 북한군의 남하를 막기 위해 미군이 방어선 구축 작전을 펼치며 다리를 폭파한 것으로 교량의 2/3 가량이 파괴되었다. 이후 1952년 복구공사에 들어가 1956년 9월에 다시 준공하였다.

지금은 공주지역에서만도 금강을 가로지르는 다리가 여러 개 들어섰다. 그래도 금강철교는 아직 현역 교량으로서 역할을 하고 있다. 인도와 차도로 나뉘어 사용하고 있으며, 차도는 일방통행이어서 강의 북쪽 전막에서 공산성 쪽으로 진입하는 차량만 통행이 가능하다. 공산성 쪽에서 북쪽으로 가려면 금강교 서쪽에 놓인 백제큰다리 등으로 돌아가야 한다. 현역이지만 교량이 오래 되었고 또 문화재이기 때문에(문화재청은 금강철교가 교량 건설사의 새로운 장을 연 것으로 평가하여 2006년 3월 2일 등록문화재 제232호로 지정한 바 있다) 통행 차량의 높이, 크기, 속도 등을 제한하고 있다. 다리 위와 아래에는 조명등이 설치되어 금강의 밤풍경을 아름답게 만드는 데 일조하고 있다.

# 순교의 역사에서 시작한 믿음의 풍경

## 중동성당과 요골공소, 황새바위성지

### 공주의 첫 번째 성당

공주를 대표하는 근대 건축물로 금강철교와 함께 쌍벽을 이룰
만한 것이 바로 공주중동성당이다. 충청남도역사박물관과
3.1중앙공원의 맞은편 언덕에 있는데 아래편 시내에서 언덕 위를
바라볼 때 절로 우러러보이는 성당의 모습도 인상적이고, 또 성당
뜨락에서 시내를 굽어보는 조망도 시원하다.

중동성당은 본당과 사제관 두 건물이 남아있는데 둘 다
붉은 벽돌건물의 아름다움을 잘 보여주고 있다. 서울 충정로의
약현성당을 모델로 삼아 지은 본당 건물은 전면부 중앙 현관의
높고 뾰족한 종탑과 후면부 제단실의 낮은 다각형 구조가 긴장감

있게 대비되며, 시시각각 햇빛에 따라 스테인드글라스가 성당
내부에 드리우는 경쾌한 색감이 따뜻하고 화사하다. 내부는
중앙에 신도들이 앉는 넓은 회중석을 두고 그 양쪽에 복도를 둔
삼랑식三廊式이다. 회중석과 복도 사이에는 6각형 단면을 한 6개의
돌기둥이 있다. 아치형 문과 창문, 내부 중앙에 긴 의자와 복도 등
안팎으로 건물 전체를 꼼꼼히 둘러볼수록 감동과 감탄이 커지는
건축이다. 구석구석 볼거리가 많은 본당 건물에 비해 사제관은
보다 차분하고 담담한 인상이다. 어디서 보아도 좌우가 분명한
대칭 형태가 아름다우며, 내부는 공간의 기능을 우선한 단순한
구조와 장식으로 꾸며져 있다.

중동성당은 전통적인 목조건물에서 현대건축으로 넘어가는
과도기의 모습을 건축 세부에서 살펴볼 수 있는 등의 이유로
1998년 충청남도 기념물 제142호로 지정되었다.

성당 입구에 세워진 안내판 문구는 간단하게 성당 역사와
건축을 소개한다.

> 공주중동성당은 공주 지역 최초의 천주교 성당 건물이다. 1897년
> 프랑스 선교사 기낭이 초대 신부로 부임하여 중동에 부지를
> 마련하였고 1898년 기와로 성당과 사제관을 지은 뒤, 1937년
> 최종철 신부가 고딕식으로 성당과 사제관, 수녀원을 완공하였다.
> 현재는 본당과 사제관이 남아있다.
> 본당은 전통적인 목조 건축에서 현대 건축으로 넘어가는 시기의

—————— 공주중동성당의 내부 모습.

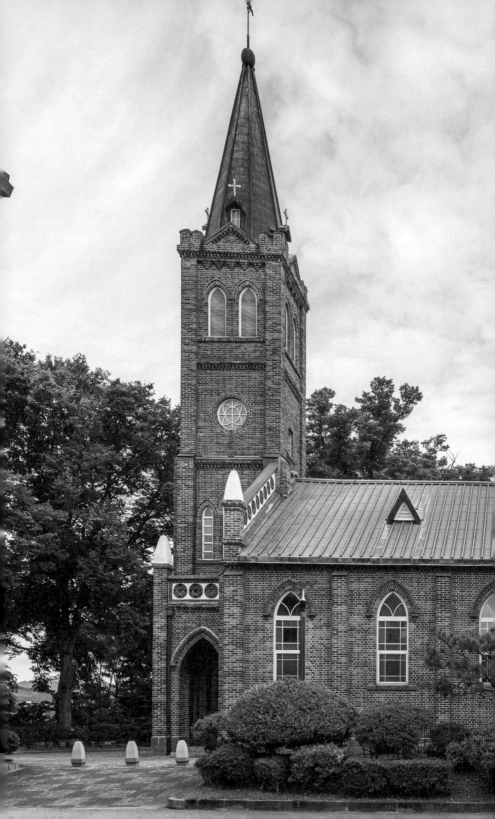

공주중동성당을 측면에서
바라본 모습.

고딕 양식 건축물로 외관은 붉은 벽돌로 마감되었고, 현관
꼭대기에는 종탑이 세워져 있다. 현관 출입구와 창의 윗부분은
뾰족한 아치로 장식되어 있다. 2층 건물인 사제관은 벽돌로 마감한
좌우 대칭 구조이다.

공주 중동성당은 공주를 비롯한 충남 일대에 천주교를 전파하는
중심지였고, 단아하면서 고전적인 아름다움이 돋보인다.


## 공주와 천주교의 인연

충청남도의 서해안쪽과 그에 인접한 지역은 각각 외포와 내포
지역이라는 이름으로도 불리는데 한국 천주교 역사에 있어 가장
중요한 장소들 중 한 곳이라고 할 수 있다. 바로 천주교라는 새로운
종교와 사상, 그리고 그것을 전파한 사람들이 주로 충남 서해안을
통해 들어왔기 때문이다. 조선 후기 충청감영이 있던 공주는
외포와 내포 등까지 아울러 관할 지역에서 벌어진 여러 사건들이
행정과 사법, 수형 측면에서 최종적으로 처리되는 곳이었다.

공주와 천주교의 인연은 18세기 말, 19세기 초로 거슬러
올라간다. 1784년 이승훈 베드로는 중국 북경에서 서학/
천주교를 들여왔는데 첫 번째 복음의 씨앗이 권일신 프란치스코
하비에르에게, 그리고 이어 천안사람 이존창 루도비코에게
전파되었다. '내포의 사도'가 된 이존창은 내포 지역과 공주

근방 등에서 선교활동을 하던 중 1801년 신유박해 때 공주의 황새바위에서 순교하였다. 또한 1866년 병인박해를 거치면서 성 손자선 토마스가 순교하는 등 공주 감영에서 순교한 이들은 이름이 밝혀진 신자만 해도 248명에 이른다.

병인박해를 마지막으로 천주교 선교가 어느 정도 허용이 되면서 공주에 성당을 세우려는 노력이 계속 이어졌다. 1881년부터 충청도 지방 사목을 전담했던 두세 가밀로 신부는 1887-88년에 공주읍내에 공주공소를 설립하였으며, 마침내 1897년 5월 8일 성모 성탄을 주보로 공주본당을 설립하였다.

중동성당의 전신인 공주본당은 당진의 합덕성당과 아산의 공세리성당에서 분리되어 설립되었다. 1897년 4월 1일 초대 주임으로 파리 외방전교회의 기낭 베드로 신부가 임명되었고, 관할 구역은 지금의 공주시, 천안시, 부여군, 논산시, 서천군 그리고 충청북도 남쪽 지역 등으로 아주 넓었다.

공주본당 설립 당시 공주 읍내에는 천주교와 관련된 근거지가 전혀 없었고, 신자 수도 20명 내외에 불과했다. 그래서 기낭 신부는 임시로 공세리성당의 공소였던 유구의 요골공소에 거처하면서, 관찰사가 주재하는 공주 읍내 중심지인 국고개 언덕 위에 현재의 부지를 매입하여 1897년 6월 28일 이전하였다. 기낭 신부는 이곳에 교당을 세우고 교리를 전파하여 공주 지역 최초의 천주교 성당인 공주본당의 초석을 놓았다.

현 성당 건물은 1921년 주임으로 부임한 최종철 마르코

중동성당의 뒤쪽에서 제단실을 본 모습. 아래는 사제관의 모습이다.
본당과 사제관 모두 좌우대칭이 아름답게 구현되어 있다.

신부가 서울의 약현성당을 모델로 직접 설계하여 1934년 공사를 시작해 1936년에 고딕식 종탑을 갖춘 라틴 십자형 새 성당과 사제관, 수녀원 등을 완공하고, 이듬해 5월 12일 축성식을 가졌다. 중동성당을 직접 설계하고 완성한 최종철 신부는 1945년 사망할 때까지 사목하다가 이곳에 묻혔다. 그의 유해는 2003년 대전교구의 방침에 의해 대전의 성직자 묘지로 이장되었고, 현재 성당 내에 남아있는 묘는 최종철 신부의 아래턱뼈를 안치하여 2008년에 복원한 것이다.

최종수 요한은 최종철 신부의 형으로 1950년 한국전쟁이 발발한 후 공주를 점령한 북한 인민군이 성당에 들어와 마구 총질을 하며 성물을 훼손하고 성당을 더럽히는 것에 분개해 항의하다가 7월 20일 성당 마당에서 총살을 당해 순교했다. 2010년 신자들에 의해 최종철 신부 묘 바로 옆에 최종수 요한의 순교 현양비가 세워졌다.


## 믿음의 피신처에 세워진 공소

유구읍에서 유구천의 지류인 개천을 따라 명우산 방향으로 깊숙이 들어가는 명곡리 '요골'에 세워진 요골공소는 천주교 선교 초기의 신앙생활을 상상해볼 수 있는 곳이다. 소박한 한옥 건물을 공소로 사용하고 있는데, 서까래들이 벽면과 만나는 지점

───────  요골공소의 안과 밖 모습. 내부의 십자가와 예수상도, 바깥의 지붕 위에
올라앉은 십자가도 소박하게 아름답다.


───────

마을에서 바라본 요골공소의 모습. 종을 매단
종각도 공소와 어울리게 단순하게 만들었다.

아래 놓인 투박한 나무 십자가와 예수 상으로 옛 신도들의 마음을 가늠해본다. 초기 천주교인들은 당국의 박해를 피해 깊숙한 산으로 들어가 '교우촌'을 세우고 모여 살았는데 요골도 그러한 교우촌 중 하나였다. 이들은 생계를 위해 화전을 일구면서 옹기나 숯 등을 구워 내다팔곤 했다. 요골의 요(가마 窯)는 아마도 거기에서 유래한 말일 것이다.

요골공소는 충청지역 사목을 맡았던 두세 신부와 공주성당의 첫 번째 주임 신부였던 기낭 신부가 공주성당을 준비하며 얼마간 머물렀던 곳이다. 이런 까닭에 요골공소를 공주성당의 전신이라고 보기도 한다. 1883년 두세 신부에 의해 요골공소로 설정된 이후 공주의 성직자들은 요골 신자들의 열심을 교구장에게 보고할 정도였다. 1884년에 42명이었던 신자 수는 1890년에 이르러서는 100명이 넘어서고 공주본당의 파스키에 신부 때인 1901년에는 145명, 1915년에는 158명에 이르렀다. 사람들이 많이 사는 도회지가 아닌 골짜기 마을인 것을 감안하면 놀라운 숫자라고 할 수 있다. 이들 가운데서 여러 명의 신부, 그리고 수사, 수녀, 동정녀들이 나왔다.

요골공소는 1913년에 현 위치로 옮겨왔으며, 1938년에 한옥으로 된 현재의 공소 건물을 완공하였다. 1945년 광복 후에는 지붕을 개량하고 종각을 설치했으며, 성모상을 안치하는 등 조금씩 지금의 모습으로 완성되어 왔다.

공주 시내의 중동성당과 유구읍 명곡리의 요골공소는

황새바위 순교성지의 가장 안쪽에 세워진
황새바위. 황새바위를 둘러싸고 세운
돌들에는 이곳에서 순교한 이들의 이름을
새겨 놓았다. 아래는 황새바위기념관의
전시물로 순교자들이 처형된 곳 근처에서
발견된 십자가다. 순교한 신자들이 가지고
있던 것으로 추정하고 있다.

각각 천주교 전파와 신앙생활의 한 단계들을 보여주는 귀중한 문화유산이다. 공주의 근대 건축이자 마음과 믿음의 풍경을 보여주는 장소들로 꼭 천주교 신자의 순례여행이 아니더라도 방문할 만한 가치가 있는 곳들이다. 수많은 순교자들이 거쳐 갔던 공주 시내의 황새바위성지와 함께 공주의 마음 여행지들로 추천할 만하다.

# 기꺼이 한국에 헌신한 공주 교회사

## 공주제일교회와 선교사 가옥, 선교사 묘역

### 초가 한 동에서 시작한 역사

1931년 11월에 건립된 공주제일교회는 공주의 개신교 역사를
대표하는 산증인이다. 공주제일교회는 수원 이남 지역에서
가장 먼저 세워진 첫 감리교회이며, 공주의 교육과 독립운동의
차원에서 중요한 한 축을 이루는 영명학교와 밀접하게 관련되어
있다. 제일교회는 단지 신앙의 차원에서만이 아니라 교육과
민족저항운동의 차원에서 공주와 긴밀하게 연결되어 있는 것이다.

정확하게 이야기하면 공주에는 '제일교회'라는 이름을
단 건물이 두 개가 있다. 등록문화재 제472호로 지정된 옛
제일교회와 2011년 5월에 현대식 스타일로 새로 지어진

───────  공주제일교회 기독교박물관의 1층 전시 모습. 제일교회의 설립과 성장,
수난의 시간 등 교회사를 충실히 전시하고 있다.

제일교회가 바로 그것이다. 둘은 나란히 이웃해 있으며,
옛 제일교회는 이제 교회로서의 기능을 새 건물에 넘기고,
공주제일교회 기독교박물관으로 운영하고 있다.

교회 초입에 세워진 안내판 문구는 다음처럼 제일교회의
역사를 소개한다.

> 공주제일교회는 1892년 미국 감리회에서 스크랜튼 선교사를
> 한강 이남 지역 관리자로 임명하면서 공주지역 선교활동이
> 시작되었으며, 1902년 초가 1동을 구입하여 예배를 드림으로
> 남부지역 최초의 감리교 교회로 창설되었다. 현 예배당은 1931년
> 건립되어 영명학원과 영아관을 운영하여 인재양성과 사회적
> 활동에 관심을 기울이며, 충청지역 감리교 선교의 중심역할을
> 수행했다. 한국전쟁 당시 상당부분이 파손되었지만 남아있는 벽체,
> 굴뚝 등을 그대로 보존하여 교회건축사적으로 가치가 높다. 특히
> 교회 벽면에는 우리나라 스테인드글라스의 개척자인 고 이남규
> 선생의 초기 스테인드글라스 작품이 전하고 있다.

공주제일교회 기독교박물관과 이웃하고 있는 옆 건물
벽에는 '1902년, 공주제일교회 최초 예배당'이라는 글자가 크게
붙어 있고, 그 아래 초가집 한 채와 그 앞에 선 초기 신도들의
모습 사진이 크게 확대되어 있다. 옆에는 사애리시 선교사와 어린
유관순으로 짐작되는 소녀가 서있는 모습을 그림으로 담았는데,

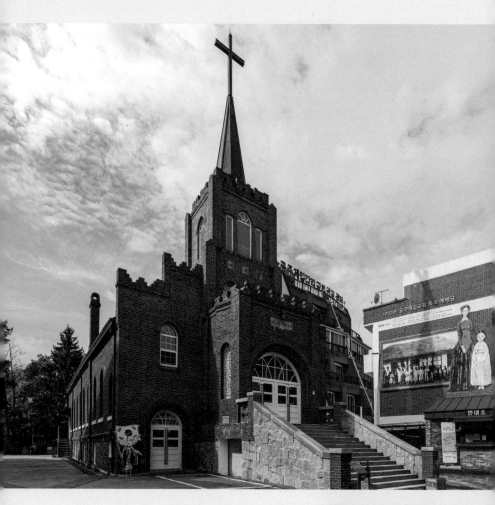

──────── 옛 공주제일교회(공주제일교회
기독교박물관) 건물의 정면 모습. 건물의 뒤편 계단 옆에
박혀 있는 돌에는 처음 교회를 설립하던 때인 1930년
숫자가, 그 옆에는 한국전쟁 후 다시 교회를 세운
1955년 숫자가 새겨져 있다(각각 실제 완공된 것은 1년
후인 1931년과 1956년이다).

이는 제일교회의 역사에서 무엇을 강조하고 싶은지 잘 보여주는 도입부라고 할 수 있다. '1902년, 공주제일교회 최초 예배당' 글자 아래 적힌 다음의 문장도 마찬가지다. 제일교회의 역사는 예수 그리스도를 향하는 만큼이나 민족 독립과 민족 엘리트 양성에 뜻을 두었던 과정임을 알 수 있다.

> 초라한 초가 한 동이 이웃과 지역으로 그 가지를 펼쳤고, 배움과
> 나눔 그리고 3.1독립운동과 구국과 애국의 민족지사 되었으니
> 아름답고 복된 신앙의 결실이어라.
> 흙 한 줌 벽돌 한 장이 그 생명과 헌신, 땀과 눈물이 담긴 그리고
> 자신의 몸을 드리는 향기로운 제물이 되었으니 아! 생명의
> 거룩함이여 찬양하라 그리고 복음과 함께 영원하리라.


## 공주 교육과 민족저항운동의 상징, 제일교회

제일교회의 역사는 19세기 말로 거슬러 올라간다. 1892년에 스크랜튼 선교사가 지역 선교여행 도중 처음 공주지역을 방문하였고, 1898년 스크랜튼에 이어 수원·공주구역 관리자로 임명받았던 스웨어러 선교사는 1902년 가을 김동현 전도사를 파송하여 관찰부(현 반죽동) 앞에 집을 사 그곳에 머물면서 전도 활동을 펼치도록 하여 교회를 개척토록 했다.

공주제일교회 기독교박물관의 전시물들. 위는 1903년부터 1909년까지
사용하였던 초가 예배당을 재현한 모형이다. 오른쪽 페이지 위는 1930년에 기록한
'공주교회 연혁', 가운데는 제일교회의 신자였던 서덕순 선생이 사용하던 주전자와
잔이다. 서덕순 선생은 영명학교 후원회장, 독립운동 자금책, 그리고 충남 도지사 등을
역임하였다. 아래는 박물관 1층의 입구 가까이에 전시되어 있는 오르간의 부분 이미지.
1904년 샤프 선교사가 공주에 처음 선교사로 오면서 가지고 온 오르간으로 당시
예배를 드릴 때 사용하던 것이다. 120년 이상 된 것으로 추성된다.

1903년에는 원산에서 활동하고 있던 의료 선교사 맥길과
이용주 전도사가 와서 하리동(현 옥룡동)에 초가 2동을 구입하고
전도활동을 펼쳤다. 초가 하나는 예배당으로 사용하고 또 다른
하나는 진료소 및 교육시설로 사용하면서 본격적인 선교 사역이
시작되었다.

공주의 선교사업은 샤프 선교사 부부가 공주에 오면서
더욱 활성화 되었다. 남편 로버트 샤프는 윤성렬을 교사로 하여
기독교 선교학교인 명설학당을 설립했고, 그의 아내 앨리스 샤프,
한국명 사애리시 선교사는 허조셉 전도부인을 교사로 하여 두
명의 여학생을 제자로 맞아 역시 기독교 선교학교인 명선학당을
설립했다. 샤프 선교사는 충청지역의 순회 전도여행을 하던
중 발진티푸스에 감염되어 사망했다. 1906년 선교사 프랭크
윌리엄스, 우리말 이름 우리암이 공주로 와서 영명학교를
설립하여 인재를 양성하기 시작했다. 몇 년 후 사애리시 선교사는
유관순 열사를 수양딸로 삼아 영명학교에 입학시켰고 또
3·1만세운동도 지원했다.

공주제일교회는 충청지역 3.1만세운동의 진원지였다.
1906년 11월 이후 스웨어러 선교사 부부, 윌리엄스 선교사
부부, 케이블 선교사 부부, 테일러 선교사 부부, 번스커스
의료 선교사 부부 등이 공주에 주재하면서 이곳을 중심으로
전도·교육·의료활동을 전개하여 이후 공주는 충청도의 선교
거점으로서 확실하게 자리를 잡아나갔다.

공주제일교회의 건물은 1931년 지상 2층의 붉은 벽돌로
건립되었다. 이 건물은 아시아·태평양 전쟁기간인 1941년 일제에
의해 적국 재산으로 분류되어 한동안은 교회 출입까지 통제되기도
했다. 한국전쟁 때 폭격으로 예배당 건물의 상당 부분이
파손되었으나 건물의 벽체와 굴뚝 등은 그대로 보존되었다. 전쟁
직후인 1953년에 교인들이 파손된 예배당을 헐고 새로 짓자는
의견을 제시했으나, 파손된 부분을 다시 수리하여 복원하자는
의견으로 최종 결정, 1956년에 지금의 모습으로 복원했다.


## 감사하는 마음을 담은 장소

한편 1905년 11월 샤프 선교사 부부는 하리동에 서양식 집을
건축하는데, 이것이 바로 지금 등록문화재 제233호로 지정되어
있는 '공주 중학동 구 선교사 가옥'이다. 선교사 가옥은 앞서
살펴본, 일제강점기 진행됐던 부인견학회의 공주 시내 견학 장소
중 유일하게 남아있는 장소이기도 하다. 당시 그 부인견학회가
견학 장소로 서양인 가옥을 꼽은 것은 외관이 근사하고 내부에
근대식 생활시설을 갖춘 주택이었던 때문이겠지만, 지금은 다른
의미에서 그 건물에 대해 기념하고 있다.

공주 중학동 구 선교사 가옥은 1900년대 초에 지어진 공주 최초의

서양식 주거 건물이다. 붉은색 벽돌로 지은 3층 건물로 미국 감리교
소속의 선교사 사택으로 사용되었다. 1903년 공주에서 처음 선교를
시작한 것은 맥길 선교사지만 이 건물을 설계한 것은 1905년에
부임한 샤프 선교사이다. 한동안 선교사 사택으로 사용되다가
1920년대에는 영명여학교 건물로 사용되었다. 건축적으로 내부의
계단실과 각층의 공간이 스킵 플로어skip floor 형식으로 연결되어
있는 점이 특징이다. 즉 현관에서 반 층을 올라가면 1층으로,
현관에서 반 층을 내려가면 지하로 연결되는 구조이다. 이곳을
기반으로 20세기 초부터 시작된 선교 사역이 영명학교의 근대
교육으로 이어져 독립운동가를 배출하는 한편 수많은 인재를
양성하는 계기가 되었다.

영명학교 뒤편에서 선교사 가옥으로 가는 길의 한쪽 숲
안에는 외국인 선교사(가족) 묘역이 만들어져 있다. 이곳에는
충청지역에서 복음을 전하다 최초로 순직한 로버트 아서 샤프
선교사(1872~1906)를 비롯해 영명학교 교장이었던 프랭크
윌리엄스 선교사의 아들 조지 윌리엄스(1907~1994)와 딸
올리브(1909~1919), 그리고 찰스 C 아멘트 선교사의 아들 로저와
테일러 선교사의 딸 에스더 등 5기의 묘가 조성되어 있다.
　　샤프 선교사의 묘소 옆에는 1940년 일제에 의해 추방될
때까지 한국에서 선교와 교육활동에 헌신하였던 사애리시
선교사의 추모비가 새로 세워져 있다. 그녀가 한국에서 했던

──────── 중학동 구 선교사 가옥의 외관. 일제강점기 부인견학회의 공주 시내 견학
장소 중 유일하게 남아있는 건물이다.

영명학교 뒤편 영명동산에 만들어진 선교사 묘역.

일들을 기억하고 후대에도 그 사실을 전하기 위해, 그리고 감사하기 위해 세운 추모비다. 거기 적힌 말들은 아마도 낯선 외지에서 남편을 잃고 수십 년간 활동하며 여러 곤란에 처한 스스로를 다잡는 말이었을 것이지만, 역시 고난의 시간을 통과한 한국인들도 계속 기억에 새겨두어야 할 말일 것이다.

> 우리가 당한 고난이 크고 잃은 것이 많지만, 하나님께서는 어떤 식으로든 선한 길로 인도하실 것이기 때문에 우리는 그것을 믿고 두려워하지 말아야 할 것이다.

# 이름의 변화로 읽는 공주의 근현대사
## 옛 공주읍사무소와 공주풀꽃문학관

### 건물이 품은 역사

1923년에 충남금융조합연합회관으로 건립된 등록문화재
제443호 건축물 '옛 공주읍사무소'는 복잡다단하게 흘러간
한국 근현대사를 상징적으로 보여주는 건물이다. 건축적으로도
간단하지 않지만, 건물이 품고 있는 역사가 만만치 않다. 이
건물에 붙었던 이름만도 여러 개여서 충남금융조합연합회관,
공주읍사무소, 공주시청, 미술학원, '구 공주읍사무소',
디자인카페, 공주역사영상관, '옛 공주읍사무소' 등 다채롭다.
건물의 이력은 다음과 같다.

일제강점기 관공서 건물의 한 유형을 보여주는 옛 공주읍사무소의 정면 모습.

1918년: 충남금융조합연합회 발족, 충남도청 내 사무실 이용

1923년: 2만5천원의 예산으로 충남금융조합연합회관 건립

1923~1932년: 충남금융조합연합회관으로 사용

1932년: 도청 이전과 함께 충남금융조합연합회도 대전으로 이전

1934~1985년: 공주읍사무소로 사용

1986~1989년: 공주시청으로 사용

1989년: 공주시청 건물 신축, 민간에 매각

1989~2008년: 미술학원 등으로 사용

2008년: 근대건축문화재로서의 가치를 살려 공주시가 다시 매입

2009년: 국가등록문화재 제443호 '구 공주읍사무소'로 등록

2010~2012년: 원도심 활성화 차원에서 디자인카페로 활용

2014~2020년: 공주의 근현대 역사를 사진과 영상으로 보여주는
공주역사영상관으로 사용

2021년: '옛 공주읍사무소'로 개관


## 식민통치기구의 얼굴

줄여서 '금조'라 불리던 금융조합은 1907년 대한제국 시대에
설립된 지방금융기관이다. 1907년 5월 '지방금융조합규칙'이
제정되어 각 지방에 처음으로 농촌금융기관인 지방금융조합이
설립되었다. 1918년 6월 '금융조합령'이 제정되면서,

옛 공주읍사무소의
옆면과 뒷면. 대칭과
비대칭을 적절하게
구사하면서 긴장감을
주고 있다.

지방금융조합의 명칭이 금융조합으로 바뀌었다. 이때 도시에도 금융조합 설치가 허용되고, 조합원 자격제한 요건도 대폭 완화되어 농민이 아닌 사람도 가입할 수 있게 되었다. 그에 따라 각 도 단위로 금융조합연합회가 조직되었다. 충남금융조합연합회가 발족한 것이 바로 이때다.

각 도의 금융조합연합회장은 도청 재무부장이 겸임하였다가, 1921년 겸임을 폐지하고 전임 이사장을 임명하였다. 충남금융조합연합회 초대 이사장이었던 오쿠다는 후에 만주국 정부의 건축국에서 일을 하였다. 일제 식민통치기구의 인력 이동이 광범위했음을 짐작할 수 있는 사례이기도 하다.

'금조'는 지금으로 치면 지역의 '신용협동조합'과 유사한 일을 하던 기관이어서 민간조직이나 반 민간조직처럼 생각하기 쉽지만, 도청 재무부장이 겸임했던 것이나 총독부에서 이사장을 임명한 것에서 알 수 있듯 식민통치기구의 일부인 관영조직이었다. 조선금융조합연합회는 1945년 당시 산하에 912개소의 단위조합을, 또 단위조합의 하부조직으로 전국에 3만 4,345개의 식산계殖産契를 가지고 있어, 식민지하에서 가장 방대한 계통조직망을 가진 금융기관이었다. 일제는 이 '금조'를 이용하여 식민지 농촌금융정책을 수행해 나갔다. 조선총독부가 창안해낸 가장 효율적인 금융지배수탈기관으로 평가받는다.

# 공주에 남은 유일한 근대 관공서

'옛 공주읍사무소'는 공주시내에 남은 유일한 옛 관공서 건물로, 화강암 지대석 위에 주재료인 붉은 벽돌을 쌓은 후 안팎을 다른 재료로 꾸민 전형적인 조적조組積造 건물이다. 건물 앞에 설치된 안내판에서는 간단하게 연혁을 소개하고 다음과 같이 건축적인 정보를 전하고 있다

> 2층 규모의 붉은 벽돌 건물로 현관이 돌출되어 있고 중앙 부분에 4개의 원기둥이 있어 좌우 대칭의 균형미를 느낄 수 있다. 근대 관공서 건축물의 양식을 보여주면서, 조선금융조합과 관련이 있는 건축물로 역사적 상징성을 갖는다.

건물의 전면부에는 붉은 벽돌과 대리석을 함께 사용한 것처럼 보이지만 이는 대리석 가루와 시멘트를 배합한 재료로 붉은 벽돌의 표면을 마감한 것이다. 4개의 서양식 원형기둥과 함께 시각적인 강조점을 주는 방식으로 사용되었다. 중앙 출입구의 아치 형태의 상부와 2층 좌우에 둥근 창을 배치한 것도 눈길을 끈다. 평범해지기 쉬운 벽돌 건물의 전면부가 긴장감 있게 다가오도록 만들었다. 건물의 좌측면과 우측면의 창문도 서로 다르게 배열되어 있다. 상하 각각 3개의 창이 규칙적으로 배치된 좌측에 비해 우측에는 1개의 창이 보다 길게, 후면 쪽으로 약간

———— 옛 공주읍사무소의 내부
전시 모습. 공주읍사무소나 공주시청으로
사용하던 당시의 모습을 재현해 놓았다.
당시에는 평범한 풍경이지만 벽에 붙은
쥐잡기 포스터나 공주시 직원의 월급봉투
등 지금으로선 이색적인 것들이다.

옛 공주읍사무소의 맞은편 골목에
남아있는 나무 전봇대. 전봇대는
해당 지역에 전기가 들어오는 것을
알려주는 근대의 가장 상징적인 물건
중 하나였다.

───── 공주풀꽃문학관 뜨락에 세운 나태주 시인의 〈풀꽃〉 시비.

공주지역 주둔 헌병대장의 관사로 쓰이던
건물이 지금은 공주풀꽃문학관이 되어
사람들을 맞고 있다.

치우쳐져 있다. 그 아래는 원형 형태의 창으로 구성되어 있다.

　건물 안은 전시 공간으로 사용되고 있다. 공주읍사무소나 공주시청으로 사용되던 당시의 사무실 풍경이나 사무실에 비치되어 있던 물건들을 전시한다. 또 일제강점기 공주시내의 모습을 모형으로 제작해 전시하고 있기도 하다. 근대 공주의 역사를 품은 수많은 신식 건물들이 거리에 가득했음을 알 수 있다. 내부와 외부 모두 근대 공주를 이야기하는 디테일들이 풍부해서 천천히 살펴보면 좋다.

　'옛 공주읍사무소' 정문의 바로 맞은편 골목으로 들어가면 요즘 보기 드문 나무 전봇대가 남아있다. 일제강점기에 공주에 처음 세워진 전봇대 중의 하나다. 전봇대와 신작로, 벽돌건물 등은 근대도시의 가장 두드러진 표상 중 하나였다. 아직도 현역으로 역할을 하는 전봇대에 감사할 일이다.


## 언덕 위의 일본식 가옥, 공주풀꽃문학관

'옛 공주읍사무소'에서 공주사대 부설중고등학교 쪽으로 향하면 봉황산 기슭 아래 언덕에 검게 칠한 목조건물이 서있다.

　자세히 보아야

　예쁘다.

오래 보아야
사랑스럽다.

너도 그렇다.


나태주 시인의 시 〈풀꽃〉이다. 이 건물은 1930년대에 지어진
일본식 가옥으로 일본 헌병대장이 살았던 집이라고 전해지는데,
지금은 공주 출신의 문학가인 나태주 시인이 머무르며
공주풀꽃문학관으로 운영하고 있다. 2014년 10월에 개관하였다.
　건물은 기본 구조에는 손을 대지 않아서 예전 모습을
짐작하기에 좋다. 일본식 다다미방과 길고 좁은 나무 복도, 복도의
한쪽에 벽처럼 서있는 유리창문 등 한옥과는 또 다른 일본식
주택의 모습을 관찰할 수 있다. 가까이 다가가서 건물의 디테일을
살피는 것도 좋지만, 언덕 초입에서 봉황산을 뒤로 하고 있는 전체
모습을 보는 것도 좋다.

# 근대공주
## 둘러보기

근대공주의 흔적을 둘러볼 수 있는 장소들은 대부분 금강 남쪽 원도심 지역에 몰려 있다. 중동성당에서 3·1중앙공원, 영명학교, 영명학교 벽화길 등을 거쳐 공주제일교회 기독교박물관에 이르기까지 공주 근대역사문화 탐방로를 따라 가까운

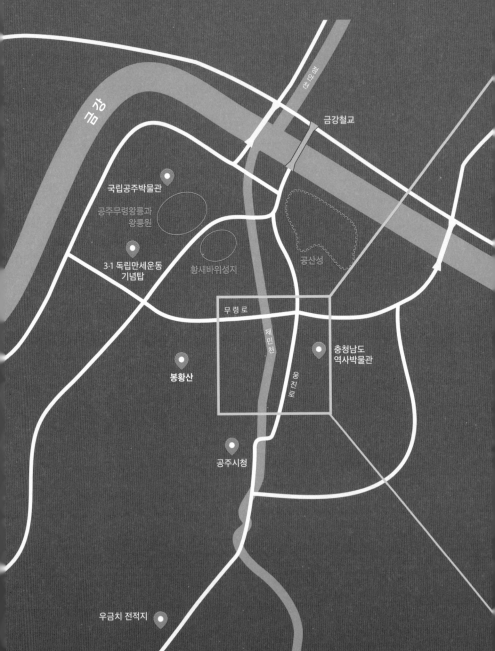

금강

제민천

금강철교

국립공주박물관

공주무령왕릉과
왕릉원

3·1 독립만세운동
기념탑

황새바위성지

공산성

무령로

충청남도
역사박물관

봉황산

웅진로

공주시청

우금치 전적지

과거의 공주를 만나보자. 근대역사문화 탐방로로 이어져 있
지는 않지만 옛 공주읍사무소와 공주풀꽃문학관도 가까이에
있다. 황새바위성지와 금강철교는 도보도 가능하지만, 공주
시 자전거나 대중교통을 이용해도 좋다.

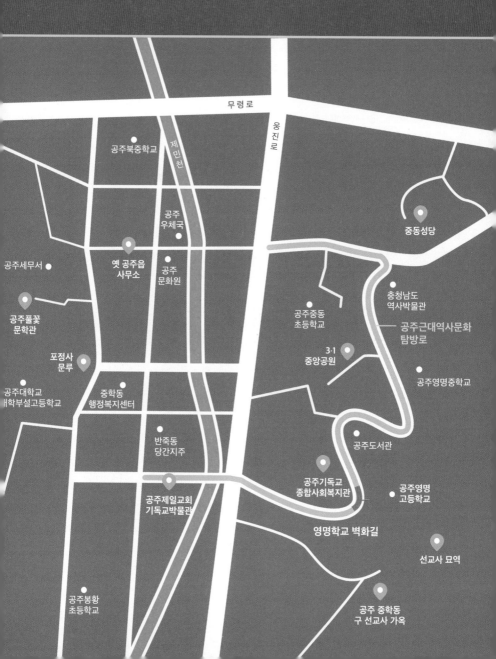

무령왕릉이 워낙 주목을 받아서인지 (그것은 분명 한국이 세계에
당당하게 자랑할 만한 문화유산임에 틀림없다) 공주를 처음 방문하는
이들은 공주를 백제와 연관지어서만 생각하기가 쉽다. 실제로
국립공주박물관에 가보면 더 오랜 시간 동안의 공주를 기억하고
전시하고 있지만 눈길이 가도록 더 강조하고 있는 것은 백제의
유물들이다. 물론 그럴 만하다. 공주의 얼굴이라 할 수 있는
진묘수의 유머러스하고 넉넉한 디자인은 천 수백 년의 시간이
무색할 정도로 감각적이다. 또 무령왕과 왕비의 평온한 안식을
위해 함께 묻은 수많은 부장품들은 정교하고 아름답기가 말로
다할 수 없을 정도다.

　하지만 공주는 백제 그 이상이다. 공주에 온 방문자나
여행자들도 이내 그것을 느낀다. 사람들은 공주를 여행하다 백제
이후의 시간들을 만나고 흥미로운 반응을 보인다. 무엇보다도

공주는 조선을 대표하는 지역거점도시의 하나가 아니었던가. 호서지역의 수부도시, 대표도시로서 공주는 수백 년의 시간을 자랑한다. 공산성 안에 자리한 누정들에 올라 금강을 내려다보면 조선시대의 공주가 얼마나 아름다웠을지 상상에 빠지게 된다.

한국의 산성은 세계의 다른 산성들과 구별되는 남다른 매력을 갖고 있는데, 그중에서도 공산성의 아름다움은 특별하다. 산과 강의 만남을 이렇게나 잘 살린 성이라니. 게다가 조선시대에 공주는 삼남대로와 금강물길이 교차하는 곳으로 사람과 물자가 활발히 드나드는 곳이었다. 그만큼 도시는 아름다웠고 풍요로웠을 것이다.

한 번 더, 그렇지만 공주는 백제와 조선 그 이상이다. 찬찬히 도시를 들여다보면 백제와 조선의 공주만이 아닌, 다른 시간의

공주들도 만날 수 있다. 그중 하나가 바로 근대의 공주다. 조선
왕조 말기와 대한제국, 그리고 일제 강점기에 이르는 시간 동안
공주가 지나온 시간들의 사연은 또 각별하다.

앞에서 보았듯 공주는 많은 변화를 겪었다. 호서지역을
대표하는 도시에서 충남의 행정중심으로, 그리고 결국 그것마저
놓치고 평범한 도시 중의 하나가 되는 시간들을 거쳤다. 인생처럼
도시도 씁쓸한 성장통을 겪는데, 공주는 근대 시기에 마주한 그
성장통을 겪으며 특색 있고 스토리 많은 도시가 되었다. '흥미진진
공주'라는 도시 슬로건처럼 지금은 공주가 지나온 시간들이
흥미진진한 사연이 되었다.

공주에는 근대역사문화 탐방로가 있다. 중동성당,
3.1중앙공원, 영명학교와 벽화길, 그리고 공주제일교회
기독교박물관에 이르는 길에 한국 근대역사의 여러 장면들이
함께 하고 있다. 고통의 기억만 있는 것은 아니다. 아무리 어려운
조건에서도 희망을 갖고 움직인 사람들의 스토리가 거기에 있다.
공주에 기독교와 근대교육을 들여온 여러 선교사들의 이야기,
그중에서도 남편 샤프 선교사를 장티푸스로 잃고 혼자 한국에서
수많은 학교를 세우고 제자들을 길러내며 신앙의 길을 묵묵히
개척해왔던 사애리시 선교사의 이야기 등은 오래 기억하고
전해주고 싶다. 그 사애리시 선교사를 통해 천안의 소녀 유관순이

공주를 거쳐 서울 이화학당으로 나아갈 수 있었다. 또 영명학교와 공주고보 등 근대시절 공주를 대표했던 학교들에는 식민지 현실을 비관하지 않고 거기에 맞서 나섰던 수많은 이들이 있다. 공주의 청년정신으로 그들을 기억하고 기념해야 하리라.

그동안 공주는 아직 자신의 근대를 충분히 들여다볼 만한 여유가 없었다. 몇 년 전부터 비로소 근대도시 공주에 관한 자료들을 모으고 체계적인 조사와 연구를 하기 시작했다. 시민들로부터 옛 사진을 기증받는 사업을 여러 해에 걸쳐 벌이기도 했다. 그 사진들 중 일부를 원도심 여러 곳에서 전시물로 만날 수 있게 만들어 놓았다. 공주는 이제 자신의 가까운 역사에 관심을 기울이고 있다. 공주 근대역사문화 탐방 중 '옛 공주읍사무소'에 들리면 예전 공주의 시내 모형도가 있다. 지금과는 다른 공주의 모습이다. 그 모형도시 속에서 지금 위치도 가늠해보고 또 거기서 전시 중인 구술 증언들도 주의 깊게 들어보자.

공주 근대 여행은 이제 시작이다. 더 많은 이야기와 더 많은 역사들이 발굴되고 발견되고 발명될 것이다. 이것 또한 공주가 미래세대에 전할 중요한 문화유산이다. 가까운 과거로부터 우리에게 더 친숙하고 매력적인 공주가 만들어지길 기대해본다.

# 참고 자료

## 논문

김미란, 2009, 〈20세기초 독일여행문학에 나타난 한국문화: 노르베르트 베버의
　　『고요한 아침의 나라에서』를 중심으로〉, 《브레히트와 현대연극》20,
　　한국브레히트학회

김재관, 2011, 〈「五道踏破旅行」에 나타난 일제 식민지 교통 체계 연구〉,
　　《語文論集》46, 중앙어문학회

김종혁, 2013, 〈일제시기 철도망의 시공간적 확산〉, 《철도를 통해서 본 근대
　　동아시아의 국제관계》, 동북아역사재단

도도로키 히로시, 2004, 〈20세기전반 한반도 도로교통체계 변화: '신작로'
　　건설과정을 중심으로〉, 서울대학교 박사학위논문

박성섭, 2019, 〈1920~30년대 공주지역의 농민운동〉, 《한국독립운동사연구》68,
　　한국독립운동사연구소

박희성, 2015, 〈변화와 변용으로 본 근대기 서울 남산의 공원〉,
　　《한국조경학회지》43, 한국조경학회

손정숙, 2003, 〈구한말 주한 미국공사들의 개인문서 현황〉, 《이화사학연구》30,
　　이화사학연구소

손정숙, 2004,〈주한 미국 임시대리공사 포크 연구, 1884-1887〉,
《한국근현대사연구》31, 한울

심원섭, 2012,〈1910년대 중반 일본인 기자들의 조선기행문 연구〉,《현대문학의
연구》48, 한국문학연구학회

심원섭, 2014,〈'일본제 조선기행문'과 이광수의「오도답파여행」〉,《현대문학의
연구》52, 한국문학연구학회

오유경, 2015,〈구한말 조선의 개화파들의 도시문제인식과 도시관에 대한 연구:
김옥균, 박영효, 유길준을 중심으로〉, 서울대학교 석사학위논문

우연주·배정한, 2011,〈개항기 한국인의 공원관 형성〉,《한국조경학회지》39,
한국조경학회

윤용혁, 2006,〈輕部慈恩의 백제고분 조사와 유물〉,《한국사학보》25, 고려사학회

이용철, 2019,〈충남 공주지역 3.1운동 전개와 참여자 분석〉,《역사와 담론》91,
호서사학회

이유재, 2005,〈노르베르트 베버 신부가 본 식민지 조선: 가톨릭 선교의 근대성〉,
《서양사연구》32, 한국서양사연구회

정광섭, 2012,〈23부제 지방행정제도에 관한 소고〉,《한일관계사연구》41,
한일관계사학회

정명진, 1979,〈시설의 근대화, 교육의 내실화 公州 永明高等學校〉,《私學》10,
대한사립학교장회

정평순, 2013,〈공주 근대건축의 보존방안에 관한 연구〉, 목원대학교 석사학위논문

정혜영, 2009,〈「오도답파여행」과 1910년대 조선의 풍경〉,《현대소설연구》40,
한국현대소설학회

조성운, 2010,〈1930년대 식민지 조선의 근대 관광〉,《한국독립운동사연구》36,
한국독립운동사연구소

조홍석·오진안·김정동,〈지방 중소도시 근대건축에 관한 연구: 충남 공주지역
근대건축의 형성 및 변천과정을 중심으로〉,《건축·도시환경연구》7,

목원대학교 건축·도시연구센터

지수걸, 1996,〈일제하 공주지역 유지집단의 도청이전 반대운동(1930. 11~1932.

　　　10)〉,《역사와 현실》20. 한국역사연구회

지수걸, 2003,〈[우리나라의 지방권력과 지방분권 1] 충남 공주 지역 '지방 정치'와

　　　'지방 유지'〉,《내일을 여는 역사》11, 재단법인 내일을 여는 역사재단

지수걸, 2007,〈일제 시기 재조선(在朝鮮) 일본인 사회와 조선의 '지방 정치'〉,

　　　《한일공동연구총서》, 고려대학교 아세아문제연구소

지수걸, 2008,〈공주의 한국전쟁과 전쟁피해〉,《제노사이드연구》4,

　　　한국제노사이드연구회

지수걸, 2010,〈'구술사 하기'와 지역문화운동〉,《역사연구》19, 역사학연구소

홍선용, 2013,〈역사도시 공주 구도심의 입지와 풍수 특성에 관한 연구: 주요 역사

　　　경관의 장소를 중심으로〉, 한양대학교 석사학위논문

황미숙, 2017,〈앨리스 샤프의 충청지역 여성 전도사업과 교육사업〉,

　　　《한국기독교와 역사》47, 한국기독교역사연구소


**단행본**

공주대학교 공주학연구원, 2017,《1910년대 일제의 비밀사찰기『주막담총』-

　　　공주를 주막에서 엿듣다》

공주대학교 공주학연구원, 2015,《공주학 강좌》

공주대학교 공주학연구원, 2021,《공주학 개론》

공주대학교 공주학연구원, 2016,《구술로 듣는 일제강점기 거리(공주학 연구총서

　　　2)》

공주대학교 공주학연구원, 2019,《엽서 속 공주를 바라보다》

공주문화원, 2019,《공주의 인물 6 - 공주의 독립운동가》

공주시, 2012,《공주 근대사 자료집 - 개신교편》

공주시, 2020,《공주 독립운동사》, 학고재

공주시, 2021,《공주시지》

공주시, 1996,《공주 옛 모습》

공주시교육청, 1986,《공주의 얼》

김재관, 2014,《춘원을 따라 걷다 – 이광수의 「오도답파여행」 따라가기》, 이숲

김정섭, 2021,《인물로 보는 공주역사이야기》, 메디치미디어(개정판 2쇄)

노르베르트 베버, 2012,《고요한 아침의 나라》, 분도출판사

당진시동학농민혁명승전목기념사업회·당진역사문화연구소, 2020,

   《충남사회운동사 – 동학농민혁명에서 일제강점기까지》

박맹수·정선원, 2015,《공주와 동학농민혁명》, 모시는사람들

송충기, 2017,《토건이 낳은 '근대' -일제강점기 공주의 풍경(공주학 연구총서 2)》,

   공주대학교 공주학연구원

우미영, 2018,《근대 조선의 여행자들 – 그들의 눈에 비친 조선과 세계》,

   역사비평사

윤용혁, 2005,《공주-역사문화론집》, 서경문화사

윤용혁, 2014,《공주, 강과 물의 도시》, 공주대학교, 공주학연구원

임연철, 2019,《이야기 사애리시 – 유관순 열사 신앙의 어머니, 충청 선교의

   개척자》, 신앙과지성사

장길수, 2016,《공주의 땅이름이야기》, 공주문화원

정재정, 1999,《일제침략과 한국철도》, 서울대학교출판부

정재정, 2018,《철도와 근대서울》, 국학자료원

지수걸, 1999,《한국의 근대와 공주사람들 – 한말 일제시기 공주의 근대도시

   발달사》, 공주문화원

조지 클레이튼 포크, 2021,《화륜선 타고 온 포크, 대동여지도 들고 조선을

   기록하다》, 알파미디어

최주한·하타노 세츠코, 2015,《이광수 초기 문장집 Ⅱ》, 소나무

충청남도역사문화연구원, 2013,《삶이 있는 이야기 충남》, 옹기장이

충청남도역사문화연구원, 2011,《충청남도지》

**기타**

문화재청·대전광역시, 2013,《옛 충남도청사 전시실 특별기획전 '충남도청사
　　그리고 대전'》

충청남도·충청남도역사문화연구원, 2008,《63년만의 귀향 아메미야 히로스케
　　기증유물 특별전》, 충청남도

충청남도역사문화연구원, 2020,《2020 충남역사박물관 특별 사진전 충남인의
　　100년 전 생활상》, 디자인 깃


〈구 한국 관보〉, 국립중앙도서관 https://www.nl.go.kr/NL/contents/
　　N20301000000.do

〈대한민국 신문 아카이브〉, 국립중앙도서관 https://nl.go.kr/newspaper/

〈독립운동관련 판결문〉, 국가기록원 https://theme.archives.go.kr/next/indy/
　　viewMain.do

〈디지털공주문화대전〉, 한국학중앙연구원 http://gongju.grandculture.net/gongju

〈삼일운동 데이터베이스〉, 국사편찬위원회 http://db.history.go.kr/samil/

〈조선 뉴스 라이브러리〉, 조선일보 https://newslibrary.chosun.com/

〈조선왕조실록〉, 국사편찬위원회 http://sillok.history.go.kr/

〈한국민족문화대백과사전〉, 한국학중앙연구원 http://encykorea.aks.ac.kr/

〈흥미진진 공주 문화관광〉, 공주시 http://www.gongju.go.kr/tour/index.do

# 근대도시 공주의 탄생

대한제국에서 일제 강점기까지
우리가 몰랐던 공주 이야기

충청남도역사문화연구원 엮음

초판 1쇄 2021년 12월 30일 발행

ISBN   979-11-5706-249-2 (04910)

979-11-5706-849-4 (세트)

만든사람들

| | |
|---|---|
| 기획편집 | 배소라 |
| 책임편집 | 진용주 |
| 사진 | 박정훈사진작업실 |
| 디자인 | 캠프커뮤니케이션즈 |
| 마케팅 | 김성현 최재희 김규리 맹준혁 |
| 인쇄 | 천광인쇄사 |

| | |
|---|---|
| 펴낸이 | 김현종 |
| 펴낸곳 | (주)메디치미디어 |
| 경영지원 | 전선정 김유라 |
| 등록일 | 2008년 8월 20일 제300-2008-76호 |
| 주소 | 서울시 중구 중림로 7길 4, 3층 |
| 전화 | 02-735-3308 |
| 팩스 | 02-735-3309 |
| 이메일 | medici@medicimedia.co.kr |
| 페이스북 | facebook.com/medicimedia |
| 인스타그램 | @medicimedia |
| 홈페이지 | www.medicimedia.co.kr |

이 책에 실린 글과 이미지의 무단전재·복제를 금합니다.
이 책 내용의 전부 또는 일부를 재사용하려면 반드시 출판사의
동의를 받아야 합니다. 파본은 구입처에서 교환해드립니다.